KB216674

MZ세대와 함께 기억하고 싶은 불교 이야기

인생 백년
절집 반나절 쉼만 못하다

저자 허상녕

붓다로드①

민족사

책을 엮으며

나는 초등학교 때부터 어머니 손에 이끌려 해인사·동화사·운문사·표충사 등 유명 사찰을 무시로 다니곤 했다.

그때만 해도 귀했던 윌리스 지프차로 먼지 이는 신작로를 덜컹거리며 달려서 절 입구에 도착하여 거기서부터 다시 한참이나 걸어서 암자를 찾아 스님께 절을 올리면 어린 나의 머리를 쓰다듬어 주시던 기억이 생생하다. 돌아보니 우리나라의 불교 교단을 이끌어 오시던 해인사의 구산 스님, 동화사의 청담 스님과 동산 스님, 파계사의 성철 스님을 여러 번 뵙고 차와 공양을 했던 인연의 세월이 6,70여 년이 훌쩍 지났다.

새벽길 재촉하시던 어머님도, 근엄하면서도 인자하시던 어른스님들도 모두 이 세상에 계시지 않고 나만 덩그러니 남아 무상한 세월의 힘을 느낀다. 이따금 불교 TV 영상에 그때 어머니 손을 잡고 찾았던 사찰이 비치면, 어머님과 어른스님들이 마주 보고 담소하시던 모습이 보일 것 같아 홀로 무안해진 적이 한두 번이 아니었다.

나와 불교와의 또 다른 인연은 대학 3학년 때 한국 고대사와 동양 미술사를 부전공으로 삼으면서다. 시간 지키기가 정확하여 칸트라는 별명으로 불린 김철준 교수님의 한국 고대사 강의에 대한 추억을 잊을 수 없고, 청록파 시인 조지훈 교수님의 한국 문화사를 강의하시던 목소리가 아직도 생생하고, 개성 박물관 고유섭 관장의 직계 제자인 황수영 교수님의 동양 미술사 강의는 나의 취미인 '탑사 연구'의 심미안을 높여 준 잊을 수 없는 강의였다.

황 교수님과 감포 앞 동해에 있는 문무대왕릉과 감은사지를 동국대 답사대와 현지의 보재기(잠수부)들과 같이 답사하여 반도 호텔에서 진단학회에 발굴보고를 했던 기억도 새롭다. 동해 속의 대왕암이 문무대왕릉이라는 사실이 정설이 된 것은 그로부터 한참 후의 일이었지만 탑사대의 일원으로 참가한 것은 일생을 두고 잊을 수 없는 추억으로 남아있다. 고대사와 동양 미술사를 공부하던 그 시절 불교의 교리와 문화, 사상과 철학을 많이 접할 수 있었으며 특히 황 교수님의 강의는 나의 불교적 소양에 깊이를 더해 주었다.

지천명 중반에 고향 대구의 이창우 학형이 "노년을 혼자 잘 지내려면 한문을 해 보게."라고 하며 성균관 마지막 유생이셨던 소운 선생님 문하로 강제 입교시켜 주었다. 그 덕분에 늘그막에 여러 고전들을 일별할 수 있는 행운을 누릴 수 있게 되어 학형에게 늘 감사함을 느끼고 있다. 이순 나이가 지나 한문 공부 겸 소의경전所依經典을 염송하고 여러 불교 전적을 훑어볼 엄두를 내고, 고대사 전적도 원문으로 접할 용기를 내보게 된 것이 모두 학형의 덕분이다.

공직 은퇴 후 도서관에서 불교 전적을 다시 찾아 읽고 음미하는 맛과 멋에 나의 70대가 흘러갔다. 그때의 아름답고 매혹적인 불교의 향기를 이곳저곳에 묻어둔 것을 끄집어내 엮어 본 것이 이 책이 되었다.

불교가 우리나라에 들어오고 거의 2천 년 가까이 되어가는 동안 아직도 불교는 한자문화권에서 완전히 벗어나지 못하고 있다. 광복 후 불교계와 학계, 출판계 등에서 불교 용어의 한글화 노력이 엄청나게 이루어지기도 했고 현재도 진행 중이지만 불교 경전과 경절 공안은 많은 부분이 한자로 되어 있고 법상의 조실스님과 강의실 교수님의 대부분은 경전의 한자어구나 염송문의 어의 해설로 깨달음을 가르치고 있는 것이 현실이다. 한자화된 불교 용어는 불교 전공자에게도 쉽지 않은데 하물며 한자를 배우지 않은 MZ세대에게는 접근이 쉬울 리가 없어 불교의 저변 확장이 걱정이다.

그들에게 책은 물론이고 인터넷 검색창이나 TV, 유튜브에서의 불교 용어나 교리의 접근이 어렵다면 우리 민족 정신문화 DNA의 큰 몫을 차지하는 불교에 대한 이해도가 떨어지고 친밀감이 줄어들 것은 보나마나이다. 더욱이 인구 감소로 젊은 세대의 인구도 줄어드는 상황에 불교에 관심을 기울이는 MZ세대는 밀도가 더욱 얇아질 것이 눈에 선하다.

젊은이가 없는 불교의 미래는 암울하다.

이러한 점에서 나는 어려운 철학적 이론보다는 불교에 관하여 궁금했던 점과 불교 상식 및 역사에서 변곡점이 된 유명 스님들의 스토리텔링을 소개하면 미래 세대가 쉽게 불교에 접근할 수 있겠다는 생각이 들었다.

종교도 결국 인간의 스토리텔링 결과물이고 불경은 팔

만 사천의 역사적 보물창고다. 불교적 역사는 우주 곳곳에 존재하면서도 젊은 세대에게는 아무 곳에도 존재하지 않는 것처럼 보인다. 이 불교적 역사의 실체를 어루만지며 끄집어내어 젊은이들에게 들려주어 이해하게 해준다면 MZ세대의 불교적 저변이 늘어남은 물론 그들이 오늘과 내일의 불교 역사의 주체로 자리매김하리라.

이 책을 엮으면서 될 수 있는 한 쉽게 한글로 쓰되 고유명사와 번역이 어려운 불교 용어는 한자를 덧붙여 뜻을 사전에서 찾기 쉽도록 했고, 학습에도 도움이 되도록 하였다. 가장 많이 쓰이는 용어인 '석가모니 부처님'은 여러 가지 덕호가 있지만 그중 불타의 뜻으로 쓰이는 범어(산스크리트어) '붓다'로 통일하여 썼고 되도록 경칭도 생략하였다. 목차의 각 주제에 부제를 붙여 놓아 읽고 싶을 때 그 주제를 구미에 맞게 쉽게 선택하여 읽도록 하였다.

이 책이 나오는 데에는 사랑하는 가족들의 격려와 지극한 도움이 있었고, 친구·선후배님들의 응원도 있었음을 밝혀둔다. 이들 모두에게 고마운 마음을 전한다.

2024년 3월 15일
허상녕

차례

책을 엮으며 … 003

part 4. 불교 설화의 교훈

part 1

●

프로 스님들의 이야기

1

혜초 스님과 『왕오천축국전』

_ 유네스코 문화유산에 등재되어야 할 K문화의 원류 _

우리는 중고등학교 역사 시간에 세계 3대 구법求法 인도 여행기로 5세기경 법현의 『불국기』, 6세기경 현장의 『대당서역기』, 7세기경 혜초의 『왕오천축국전』이 있고, 세계 4대 여행기로는 마르코 폴로의 『동방견문록』, 오도릭의 『동유기』, 이븐 바투타의 『이븐 바투타 여행기』, 혜초의 『왕오천축국전』이 있다고 달달 외우곤 했다.

어려서는 혜초慧超 스님을 여행가, 여행 문학가로 단편적으로만 기억하고, 그것이 세계사적으로 어떤 의의가 있는 줄은 알지 못했다. 오늘날 세계를 풍미하고 있는 K문화의 실마리를 연 세계 속의 자랑스러운 한국인이 혜초 스님이라는 것을 그 당시에는 상상도 하지 못했다.

한 나라의 위상은 그 나라에 얼마나 많은 세계성을 지닌 인물이 있느냐에 달려 있다고 볼 수 있다. 세계성이란 세계인의 삶과 지식을 그들과 같이하는 정신을 말하는 것이므로 세계인이란 바로 이러한 세계성을 실천한 사람을 말한다. 우리나라에서 이러한 정신을 최초로 몸소 실천하여 우리의 얼과 슬기를 세계에 널리 알린 조상이 바로 지금으로부터 1,300여 년 전 20대의 청년 승려 혜초였다.

혜초(704~787)는 성덕왕 18년(719), 그의 나이 16세 때 부처님의 출생국인 천축(인도)으로 구법을 위해 고국 신라를 떠나 신라방이 있던 중국 광주에 도착했다. 거기에서 약 1년간 중국 밀교의 초조인 인도승 금강지金剛智(바쥬라보디, 671~741)의 문하에서 불법을 배우며 인도에 관한 정보를 얻었다. 스승 금강지가 포교하러 낙양으로 간 사이 약 3년간 신라방에서 여행 경비를 마련하고 천축 언어를 학습하며 여행 준비를 하였다.

마침내 723년 해로로 동천축에 상륙하여 중천축, 남천축, 서천축, 북천축 순으로 구법 순례를 한 후 그때까지 동양에는 미지의 세계였던 아랍 지역을 최초로 여행하였다.

이후 육로로 서역 지역을 거쳐 중국까지 걸어서 도착하여 (727년) 4년간의 여행 기록을 남겼다. 이후 50여 년간 밀교 포교와 경전을 연구하다가 787년 중국 오대산 보리암에서 고향에 돌아오지 못하고 입적했다.

『왕오천축국전』에서 그는 동인도에 도착하여 나체 나라의 진기한 모습을 보고(이것은 자이나교도의 일상적인 모습이다.) 붓다가 돌아가신 성지인 구시나가라를 찾았다. 그곳에서는 매년 8월 8일이면 비구·비구니·재가 신도들이 모여 불공을 드리며 공중에 수많은 깃발을 휘날리는 것을 목격하였고, 붓다 열반 때의 유적인 다비장茶毘場과 열반사涅槃寺 등의 흔적을 둘러보았다.

이 지역을 한 달가량 돌아본 후 붓다가 최초로 다섯 비구를 제자로 삼은 곳인 코살라국 수도 바라나시를 찾아 기원정사의 탑 안에 다섯 비구상이 남아 있는 것을 목격, 붓다의 최초 전법 역사를 확인하였다. 그리고 인도 최고의 미녀 암바팔리가 그녀의 망고 정원을 보시하여 세운 암마라 정사를 답사하였는데, 그 무렵에는 탑만 쓸쓸히 서 있을 뿐, 절은 이미 황폐해져 승려들은 보이지도 않았다. 이어 라자그라하(왕사성)를 여행하여 불교 최초의 사원인 죽림정사, 『법화경』의 최초 설법지인 영축산, 근처 동남쪽에 있는 싯달타의 탄생지 룸비니의 카필라성을 찾았다. 그러나 성은 이미 폐허가 되었다고 하여 지금까지도 붓다의 출생지가 어디인지 정확히 모르는 사실과 비슷한 기록을 증명하고 있다.

남쪽으로 발길을 옮겨, 태자 싯달타가 큰 깨달음을 이루어 부처가 된 지역인 부다가야를 보고 중천축으로 갔다. 그곳에서 붓다가 도리천에서 설법하고 지상으로 내려온 상카시아의 삼도보계탑을 보고 왼쪽 길은 금으로 오른쪽 길은 은으로 중앙 길은 유리로 장식되어 있었다고 묘사하고 있다.

남천축에서는 나가르주나(용수) 보살의 신통력으로 세워졌다는 대사원에도 들렀고 다시 서천축을 돌아 북천축에서는 붓다 설법지인 타마사바나를 순례하고 파키스탄 남부를 거쳐 동양 문화와 그리스 문화가 결합한 간다라 지역을 찾았다. 캬슈미르의 대발율大勃律 지역(현재의 인도 최북단의 스카르두 지역)과 소발율 지역을 둘러보고 스와트(Swat, 불교 유적이 많은 파키스탄에 있는 지역), 페사와르(Peshawar, 파키스탄 서북부 지역)를 거쳐 그 북쪽의 오장국烏長國(북인도와 파키스탄에 위치한 우다나국으로 현재의 스왓 계곡)을 답사한다.

여기서 다시 실크로드를 따라 오늘날 탈레반의 만행으

로 무참하게 파괴된 바미안의 대 석불과 토화라국吐火羅國 (월지국)을 찾았다. 여기서 얼마간 머물다가 이슬람 세계인 대식국(이란, 사우디아라비아 등의 사라센 제국)을 여행한다. 이것은 당시 세계 제일의 정치 경제 종주국이라 할 수 있는 중국에 아랍 세계를 처음으로 알린 대사건이라 할 수 있다.

방문하지는 않았지만 서쪽 페르시아 등 여러 나라의 정보를 입수하여 기록해 놓기도 하였다. 예를 들면 그곳 안식安息(이란) 등의 파르티아 제국·조국曹國·석과국石騍國·발가나국跋賀那國에서는 불교를 알지 못하고 배화교를 믿으며, 어머니와 자매를 아내로 맞기도 하는 근친혼의 풍습이 있는 것들을 기록해 두고 있기도 하다.

대체로 출발지에서 목적지로 가는 방향과 소요 시간, 왕성王城과 유적지의 위치와 규모, 각국의 통치 상황과 외교 관계, 기후와 지형, 코끼리·물소·황소 등 동물들과 보리·밀·콩 등 특산물과 보릿가루·버터·우유 등의 음식, 복식과 풍습, 언어와 종교 특히 각국 불교의 상황 등을 차례대로 간단 명료하게 기술하여 인도와 주위 나라들의 고대 역사 연구에 크게 기여하고 있다.

북천축의 간다라, 카슈미르 등을 여행한 후 더 서북쪽으로 나아가 토화라를 방문하고 귀로에는 다시 험준한 힌두

쿠시산맥과 파미르고원을 넘어 호밀국胡蜜國과 안서도호부
가 있는 구자국龜玆國에 도착했다. 다시 동쪽으로 언기焉耆
(카라샤르, 현재의 신장 자치국 서쪽)를 거쳐 당 현종 15년(727) 광
주를 떠난 지 4년 만에 둔황을 눈앞에 둔 구주국龜註國(고
창)에 도착, 여행기는 여기에서 끝이 나고 있다.

도중 파미르 고원의 넓은 초원에서 밤하늘을 보며 고국
계림을 그리워하는 내용의 문학적인 오언시가五言詩歌 다섯
편을 실어, 『왕오천축국전』은 서정미 넘치는 여행기로 평가
되기도 한다.

혜초보다 200여 년 앞선 법현法顯(337~422)의 『불국기』나,
100여 년 전의 삼장법사 현장玄奘(602~664)의 육로에서 육
로로의 여행기인 『대당서역기』나, 50년 전 의정義淨(635~713)
의 해로에서 해로로의 여행기인 『대당서역고승전』과는 달
리 혜초의 여행기는 해로와 육로 양쪽 경로를 겸한 유일한
여행기이다. 뿐만 아니라 현장과 의정은 토화라까지는 갔
지만 그 서쪽 너머 지역은 밟지 못한 한계가 있지만, 혜초
의 여행기는 세 스님의 것보다 훨씬 광역 여행기이므로 더
귀하게 평가될 수 있는 여행기이다.

그 외에도 이 여행기에는 인도와 주변국들의 정치, 사회
적 상황과 지역의 풍속, 특산품, 인도의 주거 상황, 의생활

에 대한 내용이 상세히 기록되어 있다. 오천축의 군사력(코끼리 군의 규모)에 대하여도 구체적으로 언급되어 있음은 물론 아랍 제국이 얼마만큼이나 인도 쪽으로 세력을 확장하였는가 하는 역사적 사실도 기록되어 있다. 또한 튀르크족과 한족의 지배 아래에 있던 나라 이름과 그 생활수준 등이 비교적 상세히 기록되어 있어 8세기 인도와 중앙아시아에 관한 유일한 기록물이므로 사료로서의 가치가 아주 높을 수밖에 없다.

혜초의 여행기가 1,300년 전에 쓰였지만, 우리의 역사에는 그의 기록이 어디에도 보이지 않았다. 삼국시대에 수많은 유학승이 있었지만, 혜초는 너무 어릴 때 유학을 떠나서인지 기록이 보이지 않았던 것이다. 위대한 혜초의 이름이 세상에 알려진 것은 지금으로부터 100여 년 전 불행하게도 우리의 힘이 아닌 외국인들의 연구 때문에 세상에 알려졌다.

중국 간쑤성 둔황의 천불동(일명 막고굴)은 사암 지대의 동굴인데 전진의 승려 낙준樂僔이 처음 석굴 조성을 시작하여 원대에 이르기까지 1,000여 년간 계속하여 만들어 나간 불교 유적지다. 사암과 진흙을 파내서 그 안에 부처상을 안치시킨 스님들의 수행굴이었다

1900년에 막고굴 16동굴을 수리하다가 연도 가운데의 감실(참선굴)로 쓰였다. 모래 벽 너머 17동굴에서 경전 사본들이 무더기로 쏟아졌다. 이에 청 제국은 17동을 특별히 불경 서적이 많이 저장되어 있다는 의미를 지닌 '장경동藏經洞'이라고 하여 지방정부에 위임하여 관리하도록 하였다. 그 당시 중국은 나라가 혼란하고 부패하여 나라에서 문화유적지 관리에 크게 신경을 쓸 여력이 없어 사실상 방치 상태였다.

이 소문이 퍼져 열강에서는 탐사대를 조직하여 많은 서적과 석굴 벽화 등을 마구 노획해 갔다. 가장 먼저 17동굴에 접근한 사람은 러시아의 지질학자인 오브루체프(V.A.Obruchev)였고 다음이 영국의 인도 학자 겸 서지학자 스테인(A.Stein)이었으며 프랑스 탐험가 펠리오(Pelio), 일본의 오타니 고즈이(大谷光瑞), 요시가와 고이치로(吉川小一郎), 다치바나 즈이쵸(橘瑞超) 등이 뒤를 이었다. 이들은 장경동 관리인에게 푼돈을 쥐어주고 수백 권에서 수천 권의 서적 등을 자신들 나라로 가져가는 문화 약탈자가 된 것이다.

맨 처음 프랑스 탐험가 페리오가 둔황 막고굴 17동에서 당시 장경동 관리인 왕원록으로부터 헐값으로 구매한 7,000여 점의 유물을 24상자에 담아 프랑스로 실어 갔다. 그 유물 중의 경전 1,500여 권 가운데에서 우연히 책명과 저자도 없고 첫 장과 마지막 장이 떨어져 나간 두루마리 문서 사본을 발견하였는데 문서는 중간마다 빠진 글자가 많았다. 이 두루마리 문서 사본은 세로 28.5cm 가로 42cm 길이 358cm의 황마지黃麻紙 9장을 이어 붙인 잔간殘簡*이었다.

지금 남아 있는 여행기는 원본이 아니라 3권짜리 원본을 추린 절략본節略本의 사본이다. 또 남아 있는 잔간은 절략본의 절반을 조금 넘는 분량의 6,400여 자로 되어 있어 비록 1권 전부와 3권 뒤 부문이 떨어져 나가기는 했지만, 다행히 여행기의 주요 내용을 명확히 알아볼 수 있었다. 잃어버린 1권과 3권 뒤 부문은 혜초가 중국의 출발 항구에서 동천축 기항지까지의 역정과 귀로 마지막 중국 국내 여행지의 기록일 것이라고 후일 연구자들이 짐작하고 있다.

페리오의 발견 문서가 세상에 알려지자, 그 문서의 책명과 저자가 누구인지에 관한 관심이 제기되기 시작하고 이를 연구하려는 불교학자와 고고학자들이 나타났다. 이 문서가 혜초의 여행기인 『왕오천축국전』으로 알려진 것은 후

◇◇◇◇◇
* **잔간** : 떨어지거나 빠져서 완전치 못한 편지나 책

일 중국과 일본에서였다.

당시 북경대학교 학장 나진옥羅振玉은 여행기를 보고 그 잔간이 당나라의 혜초라는 승려가 지은 『왕오천축국전』이라고 확인 규명하였다. 즉 그는 당나라 승려 혜림慧琳이 지은 『일체경음의一體經音義』라는 서적에 혜초의 『왕오천축국전』이라는 제목이 있고 그 제목 밑에 여러 어휘가 설명되어 있다는 것을 발췌하였는데, 이들 잔간의 어휘와 어순이 진본과 대체로 일치하는 것을 발견한 것이다.

다만 혜초가 여행에서 돌아와 밀교 초조인 스승 금강지金剛智와 금강지의 제자이며 혜초의 도반이었던 불공不空과 함께 만년을 밀교 수행과 역경 번역 사업에 종사했으므로 지레 당나라 승려라고 생각하고 있었다.

혜초가 신라인임이 밝혀진 것은 1915년 일본의 종교학자 다카쿠스 준지로(高楠順次郎)와 승려이자 니시혼간지(西本圓寺)의 주지이며 둔황 학자인 오타니 고즈이에 의해서였다. 즉 혜초가 727년 인도에서 돌아와 장안의 대천복사大薦福寺에서 스승 금강지와 함께 『대승유가금강성해만수실리천비천발대교왕경大乘瑜伽金剛性海蔓殊室利千臂千鉢大敎王經』이라는 밀교 경전을 연구하였고 이를 한역하는 과정에서 혜초는 이를 받아 적는 일을 했다. 그러나 이 일을 시작한

지 일 년 만에 스승이 입적하여 사업은 중단되었고 스승의 법제자인 불공으로부터 이 경전의 강의를 받고 다음 해부터 중국의 4대 사찰인 대흥선사大興善寺에서 다시 역경 사업을 시작했다. 3년 뒤 불공이 입적하면서 불공의 6대 제자 가운데 혜초가 제2인자로 유촉 받았는데, 그때의 문서에 혜초가 "신라인"이라고 적혀 있음을 위의 두 일본인이 찾아낸 것이다.

신라의 문필가이기도 한 청년 혜초의 여행기에는 가슴을 울리는 순례시 5수가 여행기 중간과 말미쯤에 실려 있다. 그 중 "아국 천안북我國天岸北…… 수위 향림비誰爲向林飛, 나의 나라는 하늘 북쪽에 있고……어느 (기러기가) 고향 계림에 (소식 전하러) 날아갈까?"라는 시구가 있다. 여기에서 오타니 고즈이는 "향림向林"이라는 단어가 신라의 계림을 상징하므로 혜초의 국적이 신라임을 굳게 확신하게 된 것이다. 후일 우리나라에서도 고병익 교수와 같은 역사학자들은 자주 이를 인용하기도 하면서 우리 학자들이 우리 문화 찾는 데 소홀했음을 개탄했다.

『왕오천축국전』이 비록 프랑스 국립 박물관 깊숙이 숨겨져 있어도 우리의 귀중한 문화유산이라는 점에는 변함이 없다. 현재의 소재지와는 별개로 그것은 우리의 선조가 생명을 걸고 쓴 가장 오래된 세계 4대 여행기 중의 하나이고, 미지의 고대 동방 세계의 기록물이며, 고대 세계의 문화 소개서인 우리의 문화유산이다.

그러나 정작 후손인 우리는 혜초 스님이 문화 민족의 DNA를 가진 선각자로서 일찍이 선조의 위대함을 세계에 널리 알린 사실을 소홀히 하고 있었음을 늦게야 깨닫고 있다. 이제라도 천여 년 전 혜초의 문화 DNA가 지금 우리 후손들의 핏속으로 면면히 이어져 K문화로 세계무대에 우뚝 서게 되었음을 알아야 한다. 이를 통해 우리 민족이 수준 높은 문화 민족이라는 자부심과 긍지를 세계만방에 널리 떨치는 것이 국익에 도움이 될 것임을 확신한다.

그러기 위해 우리는 선각자 혜초 스님이 이루어 놓은 『왕오천축국전』이 유네스코 세계문화유산에 등재되도록 해야 한다. 나아가 본국으로 되돌려 받아 그 가치를 세계에 알리는 노력을 기울여야 할 것이다. 그것이 후손 된 우리의 의무라고 생각한다.

【 참조 】
『한국 민족문화 대백과사전』
『주간 조선』 2016. 7. 25.
『왕오천축국전 : 혜초, 천축 다섯 나라를 순례하다』, 불광출판사, 지안 스님 옮김, 2010.

2

천재 번역가, 구마라집 법사

_ 서역에서 끌려온 환속승의 파란만장한 일생 _

외래 종교를 수입한 한국·중국·일본의 불교가 지금과 같은 대승불교 중심으로 번창 확립될 수 있게 된 데에는 여러 가지 요인이 있겠지만, 대승 경전의 번역승들의 공로를 들지 않을 수 없다. 불교는 들어왔으나 공부 교재도 없던 시대에 외국인으로서 인도어 불경 원전을 중국의 한자로 번역하여 포교와 학습이 가능하게 한 프로 번역가 구마라집 법사의 이야기를 할까 한다.

인도에서 2세기경에 결집하여 1,800여 년이나 법 사리로 동아시아 전역에서 경전 이름을 달리하여 모셔졌고, 해

인사 팔만대장경 목경판으로도 모셔졌으며, 한국불교 조계종의 소의경전이 된『금강반야바라밀경』(약칭『금강경』) 한역본漢譯本에는 요진姚秦의 구마라집본, 북위北魏의 보리류지본, 진陳의 진제본, 당唐의 현장본 등이 있다. 이 가운데 현장본을 신역新譯이라 하고 기타의 본들을 구역舊譯이라 한다.

불가에서는 불경의 신역본을 애호하지만 유독『금강경』은 신역본보다 구마라집의 구역본을 더 애호 염송한다. 현장의 번역은 토착어인 산스크리트어를 직접 음사 번역하는 문체이고, 구마라집의 번역은 현지인(중국)의 감정의 흐름에 잘 맞춘 의역 스타일의 문체를 쓰고 있기 때문이다. 오늘날 불교 교리를 설명한 "색즉시공色卽是空 공즉시색空卽是色"이라는 말이나 공·극락·열반·관세음보살 등의 말들은 1,600여 년이나 쓰여 온 그의 번역어이다.

구마라집鳩摩羅什(344~413, 이하 라집이라 한다)의 아버지는 구마라염으로 천축국(인도)의 출가 승려로서 대대로 재상을 지낸 명문 브라만 집안 출신이었다. 당시의 천축국의 불사밀다라弗舍密多羅 왕이 불법을 무시하고 심지어 불교 탄압까지 하자 북쪽 실크로드를 따라 당시 불교국인 서역의 구자국(현재의 신장 위구르 지역 아커쑤)으로 왔다. 구자국왕 백순

白純은 구마라염을 국사로 모셨고 그를 여동생 지바와 혼인 시켰다.

여동생 지바는 독실한 불교 신자인데 라집을 임신하자 "사리불에 버금가는 아이를 낳는다."라는 예언을 받았으며, 또 갑자기 생전에 배운 적도 없는 언어를 모두 알아듣고 구사할 수 있는 능력이 생겼다고 한다. 그녀는 본래 한번 보거나 듣기만 해도 기억하는 영민한 여자였는데 기억력이 배가되는 입덧 경험을 한 것이다.*

라집은 이곳 어머니의 나라 구자국에서 출생했다. 라집 출산 후 어머니 지바는 출가하려 했으나 남편인 구마라염이 아이를 더 낳을 때까지 출가를 막아 출가를 못 하고 있었다. 그러다가 라집이 7살 때 둘째 아이가 병으로 죽자, 라집과 같이 출가했다. 어머니 지바는 천재 소년 라집의 성장에 지대한 영향을 미친 후견인이자 스승이었다. 출가 후 그녀는 매일 아들에게 1,000개의 게송을 암송시키고 불경의 중요한 것은 모두 외우도록 한 구자국판 신사임당이었다.

9살에 파미르 고원을 넘어서 당시 최고의 불교 학맥을

◇◇◇◇◇
* 「출삼장기집」 「구마라집전」

자랑하는 계빈국(카슈미르) 승가 교단에 유학시켰다. 계빈국 왕의 사촌 동생이고 불교 사상가인 반두달다槃頭達多에게서 초기 소승 경전을 배우고 카슈카르 아르칸드(사챠)에서 1년간 베다와 천문학, 과학 등 인도의 발달한 학문을 깊이 배웠으며, 이때 대승불교에 입문했다. 반두달다 밑에서 수학할 때 한 이교도 학파의 철학자가 나이 어린 신동을 얕잡아 보자 반두달다의 알선으로 국왕 앞에서 한 판 논쟁을 벌이게 되었다. 이때 이교도 철학자를 물리쳤다고 할 만큼 그는 학문적으로 성숙해 있었고 지혜와 변론술이 대단한 신동 승려였다.

사챠국에서는 사챠국 왕자 수리야소마의 대승 학설을 더 깊이 연수하여 『중론中論』, 『백론百論』과 『방광경方光經』을 얻어 독송하였다. 그런 후에 실상론계의 공종교의空宗敎義의 소승적 생활을 한 것을 후회했을 만큼 대승에 깊이 빠져들었다.

3년 쯤 수학을 한 후 어머니와 함께 구자국으로 귀국하는 도중에 사륵국에 잠시 머물러 『아비담阿毘曇』과 『증일아함增一阿含』등을 번역하였다. 그리하여 고국에 발을 디뎠을 때는 이미 그의 명성은 중국에까지 널리 알려졌다. 379년 구자국을 방문했던 전진의 승려 승순僧純에 의해 그의 명성이 양쯔강 남북에 이미 알려졌기 때문이었다.

당시 중국은 북방에서 흉노·선비·갈·저·강 등 여러 민족이 튀어나와서 소위 5호 16국이 진군의 북소리만 나면 피비린내가 나고 쓰러지고 세워지는 혼란의 시대였다. 이때 서역과 중국과의 교통의 요지인 장안(현재의 서안)에 저족氐族의 부족장 부견苻堅이 전진前秦을 이어받아 세력을 넓히면서 북방 여러 나라를 통일하였다. 또한 중국 불교 개척자이며 번역가 중의 한 분인 석도안釋道安 스님(312~385)*이 라집의 명성을 듣고 전진의 부견에게 편지를 보내 라집을 장안으로 초청하자고 건의했다.

불교에 심취한 부견은 도안의 의견을 받아들여 라집 모시기를 위한 서역 정복 전쟁을 선포하였다. 382년 여광呂光에게 7만의 군사를 주어 서쪽의 언기국과 구자국을 토벌하도록 하여 제일 먼저 라집을 장안으로 데려올 것을 명령하였다. 여광의 침입에 대하여 구자국은 70만 대군으로 대항했으나 여광의 신묘한 '구쇄勾鎖의 법'이라는 기마 전법

◇◇◇◇◇

* **석도안** : 서역승으로서 낙양에 와서 북방 중국에 불교를 전법한 불도징佛圖澄 (232~348)의 직계 제자로서 학문에 능하고 유가와 도가에도 정통했다. 양양에서 부승에게 끌려 장안으로 와 전진의 소승 경전의 대부분을 번역했다. 성은 위衛씨이나 석가모니 종조를 사모하여 성을 석씨釋氏로 바꿨다. 후세에 승려들을 석씨釋氏로 붙여 부르게 된 것은 이것으로 기원이 되었다.

에 의해 궤멸되고 백순왕은 전사하였다. 그리고 라집은 양주(현재의 간쑤성)로 모셔졌다.

라집을 중국으로 모셔오는 도중 둔황 근처에서, 타고 오던 백마가 과로로 쓰러지자 라집은 죽은 백마를 위하여 백마탑을 세웠다. 둔황의 백마탑은 지금도 라집과 백마를 기리는 참배객을 말없이 맞고 있다고 한다.

여광과 라집이 양주에 도착할 즈음 비수에서 벌어진 동진과의 비수 회전(383년 8월)에서 부견이 패배하는 바람에 전진은 요장姚萇에 의해 멸망하고(385년) 부견도 참살되었다. 이러한 정세를 까맣게 모르고 귀국한 여광은 갈 곳이 없자 어쩔 수 없이 후진의 서쪽 하서 회랑으로 가서 후량後梁을 건국하고 왕위에 오른다.

여기서부터 라집의 대우는 최고의 천재 고승 대우에서 격하되어 포로의 신세로 전락, 고통의 억류 생활을 보낼 수밖에 없었다. 여광은 자신의 영광스러운 과거가 하루아침에 무너진 것이 라집 때문이라고 보아 라집을 몹시 구박하기 시작했다.

여광은 라집에게 "네까짓 중놈이 도사들보다 나은 것이 무엇이냐?"라며 온갖 수모를 주었다. 그를 달리는 말에서 밀어 떨어뜨리기도 하고, 천재의 종자를 받아내기 위하여 라집의 사촌 여동생인 구자국 왕녀를 강제로 방에 밀어 넣어 동침을 강제하기도 하였다. 라집은 동생을 살리기 위하여 엄격히 지키던 계율을 어기고 환속할 수밖에 없었다.

장안에 있던 후진後秦의 2대왕 요흥姚興도 비상하게 불교를 숭상하는 사람이었기 때문에 여광에게 사신을 보내어 라집을 장안으로 보내 줄 것을 요청했다. 그러나 여광은 라집을 보내는 즉시 후량이 공격당할 것을 두려워하여 라집을 17년 동안이나 억류했다. 언어 천재 라집은 이 기간에 중국어를 통달했다.

마침내 격노한 요흥이 군대를 보내 양주에서 후량을 패퇴시키고 401년 라집을 장안으로 정중히 모셔왔다. 요흥은 국사로 영접하고 서명각西明閣 소요원逍遙園에 머물게 하며 강론과 번역을 그의 주장대로 하도록 극진히 대우하였다.

요흥이 라집을 모셔온 것은 어지러운 시대에 신흥 국가의 통치 이념을 정립하기 위해서는 불교사상의 도입이 필요했기 때문이었다. 그에 따라 불교의 철리에 밝고 외국어와 중국어를 자유자재로 구사할 수 있는 조력자로서 라집이 절실했기 때문이었다. 다만 요흥은 라집을 불교의 학승으로 대하기보다는 천재 불경 번역가로 존경하였다. 그리하여 그의 총명함을 후세에 남기고픈 마음에 여광이 한 짓보다 더하여 10명의 여인을 그에게 붙여 환속을 강제하였다. 그러나 라집 아들의 이름은 기록에 보이지 않으니, 요흥의 천재 씨받이 계획은 실패한 것으로 보인다.

처음 그가 장안에 왔을 때 요흥이 마련해 준 서명각 소요원에서 범어(산스크리트어)를 한문으로 번역하기 시작하였다. 그러자 이 역경원에 입학하겠다는 학승들이 구름처럼 모여들어 서서히 장안의 중심 사원으로 변모하여 나중에 이름을 초당사草堂寺로 개명했다. 이때 승조僧肇·승략僧略·승막僧䫂·혜공惠空·승천僧泉 등 800여 학인이 그의 문하에 운집하여 번역에 종사하였고『법화경』번역에도 2,000여 명이나 참여하였다.

402년 이곳에서 불후의 명작『금강반야바라밀경』이 세상에 나왔고『금강경』의 첫머리에 "요진의 스님 삼장법사 구마라집"의 이름이 기록됨으로써 요진이라는 국명은 천년의 세월이 지난 지금까지도 수십억 명의 입에 암송됨으로써 요흥 왕에게 보은하고 있다.

그가 번역한 역경의 범위는 매우 광범위하여 거의 4~500여 권에 이르고『대반야경』의 중요한 부분은 거의 라집에 의해 번역되었다 하여도 과언이 아니다. 특히 그의

역경 전도 사업 중 중국 불교 교의사에 빠질 수 없는 것은
『법화경』번역이다. 라집 이전에 축법호竺法護(239~316) 등에
의하여 번역되기는 하였지만, 새로이 번역된 라집의 『법화
경』본경인『묘법연화경』7권 번역본은 그 문장의 유려함
과 후세에 널리 읽힌 점으로 보아 역경사에 큰 영향을 끼
쳤다 할 것이다.

그뿐만 아니라 그가 용수대사의 『대지도론』100권과
『중론』4권을 번역하여 반야학의 체계가 소개되자 당시
크게 유행하여 불교계의 폐단이라 지목되던 격의불교格儀
佛敎가 점차 소멸하기 시작한 것은 라집의 큰 공로라고 볼
수 있다.

범어·중국어·서역어 등 외국어에 능통하고 대승과 소
승 교리에 정통한 천재 라집의 역경 방법은 여러 가지 면
에서 독특했다. 우선 그는 번역할 원전을 구하면 한 달쯤
묵혀 두었다가 해당 경에 대하여 잘 아는 스님을 초청하여
주석을 듣고 이 경전의 가르침의 진수를 완전히 이해한 후
번역에 들어간다.

그가 이미 외운 원전을 번역 강의하면 제자가 정리하고
문장을 윤택하게 한 후, 그것을 그가 원문을 참조하여 다
시 수정하였다. 그리고 이미 번역된 역본은 그 장단점을 확

실히 파악한 후 재번역을 시작하고, 오역 부분이나 잘못된 용어가 발견되면 독단으로 처리하지 않고 제자들과 전문가와 먼저 상의하였다. 그런 후에 교정을 하고, 관련 논서로 대조하는 과정까지 거치는 철저한 번역 방법을 썼다. 이와 같은 그의 번역 방법을 통강通講 번역이라 한다.

거기에 더하여 라집은 원본의 오류에 대하여도 교정을 시도했는데 서역의 음이 틀리면 범어로, 중국어가 틀리면 글자나 의미를 고쳤다. 서역이나 천축의 이름도 틀리면 바르게 고쳤는데 서역의 이름은 반 이상이나 틀려 있었다고 한다.

통강 번역에 대하여 라집은 "나의 번역에 오류가 없다면 시신을 화장한 후에도 나의 혀가 타지 않을 것이다."라는 유명한 말을 남겼다. 과연 그가 죽자 화장을 했는데 혀는 타지 않았다고 하며 그의 혀를 묻은 혀 사리탑이 지금도 시안 초당사에 남아있다. 그만큼 그는 자신이 한 번역에 자신이 있었던 것이다.

라집의 번역 경전이 거의 1,600년이 지난 오늘날까지 염송 되는 이유는 그의 천재성도 있지만, 철저하게 현지 문화와 적응하려는 노력과 완벽성을 갖추어야 한다는 번역벽이 후대인의 마음에 전해졌기 때문일 것이다.

그 당시 장안을 중심으로 한 북쪽 지역의 역경 사업이
활발할 때 남쪽 지역에서도 여산을 중심으로 역경 사업이
활발했다. 석도안이 부견에게 끌려가 라집을 구자국에서
장안으로 데려오자는 건의를 올릴 때, 도안의 제자 혜원慧
遠은 장안에서 여산으로 갔다. 그곳에서 불타발다라와 승
가제바 등과 함께 번역 사업과 염불 수행을 하며 스승 석
도안의 고풍을 이어갔다. 북쪽의 역경가 라집이 파계를 한
천재 법사라면 남쪽의 역경가 혜원은 청정한 염불 수행 스
님이었다.

이 여산의 3교 고풍을 애호하여 모인 사람들이 도가와
유가의 대가인 사령운謝靈運(385~433), 도연명陶淵明(365~427)
등 '여산 18인'이다. 남북 두 지역의 불교를 근거로 하여 여
러 학승이 각지에서 몰려들었고 교를 펴고 법을 전하며 역
경 사업을 활발히 벌인 결과 남북조 이후의 중국 사회는
도가풍 중국선의 새로운 방향이 설정된 것이다.

3

인도의 허준, 지와카 코마라밧챠
Jiwaka Komarabacha

_ 아유르베다 의학을 승화시킨 붓다 전속 의사 _

2,500여 년 전, 석가모니 붓다가 기원정사에서 병에 걸렸다.

어지간한 병에는 자신의 치유 능력으로 쉽게 털고 일어나신 분이라 금방 일어나실 것이라고 제자들은 생각했다. 그러나 이번에는 길게 누워 일어나지 않으셔서 모두 걱정을 하고 있었다.

수많은 제자와 우바새와 우바이는 물론 정사와 관련한 여러 직종의 사람이 출입하는 기원정사에는 별달리 의료체계가 있는 상황이 아니었다. 이제까지 민간에서 관습적

인생 백년 절집 반나절 쉼만 못하다

으로 쓰이고 있는 아유르베다의 생명 중시의 민속적 치료 수단에 경험이 많은 승려가 중심이 되어 각종 질병에 대처해 왔을 뿐이다.

시봉 아난이 급히 왕사성으로 들어가 빔비사라 국왕에게 어의御醫 지와카의 왕진을 부탁드렸다. 붓다에 대한 깊은 존경심을 가지고 있는 빔비사라왕이 얼마 전에 정사에 들렀을 때, 붓다께 무슨 급한 일이 나면 연락하라고 미리 말해 두었기 때문이었다. 왕의 특명으로 어의 지와카가 정사에 도착하여 진단해 보니 감기와 심한 장염이었다. 며칠간의 치료로 병은 완쾌되었다.

그 며칠간에 어의 지와카는 붓다를 치료할 수 있는 유일한 명의라고 자신을 뽐내며 위압적이고 안하무인의 행동을 하여 제자들 사이에서 눈살을 찌푸리지 않는 사람이 없었다. 자만심이 강하고 차가운 성격을 지닌 지와카는 궁으로 돌아가며 붓다께 인사를 하려고 와서는 자신의 신묘한 의술을 뽐내며 고개를 반 정도 숙여 눈인사를 했다.

그런데 고개를 든 순간 그는 붓다로부터 풍겨 나오는 자애로우면서도 위엄 있는 모습에 저절로 경배를 드리지 않고는 배길 수 없다는 것을 느꼈다. 그 자리에서 사성제四聖諦 의술의 이야기를 듣고, 붓다는 자신의 의술보다 한층 높은 짐작하기 어려운 의술을 가지고 계시다고 느꼈다. 지와카는 저절로 양 무릎을 꿇었다.

왕궁으로 돌아온 지와카는 어의 자리를 사직하고 붓다의 주치의가 되어 전국의 불교 도량의 치료를 지휘하게 되었다. 그는 당시 인도의 민속 의학인 아유르베다식 치료 체계에 부처님의 생명 존엄 사상과 사성제 교의를 접목시켰다. 그리하여 그의 의술은 더욱 빛을 내기 시작했고 마침내 인도 최고의 명의가 되었다.

그의 제자 외과 의사 수슈루타가 『수슈루타 삼히타』라는 아유르베다 외과 고전경을 지어 발전시킴으로써 오늘날과 같은 동남아시아권의 의학 체계*를 성립시킨 계기를 마련한 것은 지와카에 힘입은 것이라고 할 수 있다.

붓다가 살아 계실 때 교단의 의료 업무를 총괄 지휘한 의사 지와카의 출생 이력은 기구하다.

북인도 8국 공화정 동맹의 한 나라인 왓지국의 수도 바이살리는 인도 최고의 미녀 암바팔리(Amvapalli)를 앞세워

◇◇◇◇◇

* 세계 의학을 크게 보면, 히포크라테스를 정점으로 한 분석적이고 과학적인 서양 의학, 중국·한국·일본 등지의 전통 역학적 의학인 한의학, 인도·스리랑카·파키스탄·미얀마 등 동남아시아권의 생명 지혜를 추구하는 아유르베다 의학 세 줄기로 분류해 볼 수 있다.

유곽(공창)을 운영하고 있었다. 이 때문에 주변국에서 부자와 왕족, 귀족들이 몰려들고 이들이 흥청거리며 뿌리는 경제로 부와 문화가 크게 발전하고 있었다.

당시 인도의 각 나라는 공창제도를 권장하고 있었다. 이것을 본 인접국의 범비사라왕은 마가다국도 같은 정책을 시행하여 왕사성을 번영시키고자 하였다. 그는 암바팔리를 능가하는 미모와 기예를 갖춘 '세상 남성이 동경하는 여인'을 공개 선발하였다.

이때 나라에서 선발된 여인이 사라와티(Salavati)였다. 그녀는 하얀 얼굴에 깊고 그윽한 눈매, 흘러내리는 육체미와 청순미는 물론 창녀가 되는 고등 교육까지 마쳤다. 게다가 시와 노래와 춤 등의 기예까지 최고 수준이어서 그녀의 인기와 명성은 인도 최고의 미인 창녀 암바팔리와 쌍벽을 이루었다. 왕이 바라던 대로 왕사성도 사라와티를 통해 거듭 융성하게 되었다.

어느 날 사라와티는 자신이 임신했다는 사실을 알았다. 순간 그녀의 마음은 복잡했고 이 아기를 낳는 순간 본인은 물론 왕사성의 번영은 한순간에 무너지리라고 확신했다. 고민 끝에 그녀는 아무도 몰래 낳은 아기를 버리기로 결심하고 실행에 옮겼다. 결국 태어나자마자 아기는 작은 바구니에 담겨 쓰레기 더미에 버려졌다.

마침 그곳을 지나던 마가다국의 빔비사라왕의 서자인 아바야 왕자가 이를 발견하고 소스라치게 놀라면서 주위 사람에게 물었다.

"아기는 살아 있느냐?"

사람들이 대답했다.

"예, 살아있습니다."

그래서 아기의 이름은 지와카(살아있다 라는 뜻)가 되었다. 사실은 지와카는 아바야의 아들인데 사라와티는 이 사실을 친아버지인 아바야에게 알리지 않아 아바야는 모르고 있었다. 자식이 없던 아바야 왕자는 지와카를 친아들처럼 소중히 양육하였지만 부모를 그리워하는 지와카의 마음은 채워지지 못했다. 성장한 지와카는 양아버지인 아바야 왕자에게 자신의 출생 비밀을 물었으나 끝끝내 대답을 듣지 못했다.

지와카는 그저 양부모에게 의지해 사는 본인의 삶에 불안과 회의를 느껴 왕궁을 벗어나 당시 교육 도시인 서북 인도의 탁실라로 의학 유학을 떠났다. 학업에 전념한 지 7년이 지나 교육 과정이 끝나자 스승은 호미 한 자루를 주며 말했다.

"탁실라 근처에서 약초로 사용 불가능한 식물을 채집해 오너라."

지와카는 열심히 찾아보았으나 약재로 사용 불가능한 식물을 어디에서도 찾지 못하고 빈손으로 돌아왔다. 스승은 얼굴에 미소를 띤 채 말했다.

"지와카야, 훌륭하다. 너는 시험에 합격했다. 세상에 약재가 되지 못하는 식물은 없다."

스승으로부터 학위와 의사 면허증을 받고 지와카는 귀향길에 올랐다. 오는 도중에 사케타라는 곳에서 오랫동안 고질의 두통을 앓고 있던 어느 장자 아내의 병을 단 한 번에 깨끗이 치료하게 되었다. 장자는 크게 기뻐하며 치료 대가로 거액의 돈을 지급하였다.

고향에 돌아와서 그 돈을 양육해 준 아바야 왕자에게 보답하고자 희사하려 하였다. 그러나 왕자는 이를 사양하고 대신 그가 자신 옆에 계속 머물러 주기를 부탁하였다. 사랑스러운 아들을 바라보며 살고 싶은 아비의 간절한 마음이었다.

왕자 아버지의 청을 받아들여 라자가하에 머문 지와카는 조부 빔비사라왕의 고질적인 치질을 완쾌시켰다. 지와카는 왕궁의 어의가 되고 항균 특성을 가진 식물 추출물로 상처를 치료하는 방법을 연구하여 난치병 치료 제일의 명의라는 이름을 높여 나가게 되었다.

왕궁 주치의가 된 지 얼마 후에 왕의 특별 명령으로 왕 사성 장자의 치료를 담당하게 되었다. 그는 왕이 관심을 가지는 환자이므로 조건을 붙여 치료하겠다고 하였다.

그 조건은 다름 아닌 왕실과 자신에게 각기 십만 금의 거액을 보수로 줄 것과 환자가 7개월은 한쪽 옆구리로 누 워있고, 또 7개월은 반대쪽 옆구리로, 마지막 7개월은 천정 을 보고 누워 안정을 취해야 한다는 것이었다.

환자가 이 요구 조건을 받아들이자, 지와카는 그를 침대 에 묶고 머리뼈를 절개하여 그 장자의 생명을 위협하는 두 마리의 벌레를 잡아 꺼낸 후 꿰맸다. 환자는 7개월간 누워 있지는 못하고 간신히 1주일을 버티다가 3주가 지난 후에 는 일어나고 말았다.

그러자 지와카는 "그때 내가 7개월이라고 했기 때문에 그나마 1주일이라도 꼼짝 않고 버텨 완쾌한 것이다."라고 말했다. 뛰어난 의술로 치료는 해주지만 엄청난 보수와 거 짓 회유로 고통을 받는 환자에 대한 배려나 연민은 티끌만 큼도 없는 차가운 의사의 모습을 보인 것이다.

그는 타고난 재능과 엄청난 노력으로 최고의 왕실 주치

의에 올랐지만, 아직 명의일 뿐 병자의 속마음을 알아주는 자비로운 마음의 의사는 아니었다.

이런 지와카가 앞에서 말한 것처럼 어느 날 붓다와 대면하게 된 것이었다. 죽림정사에서 병이 난 붓다에게 아난이 빔비사라왕에게 청하여 지와카를 왕진토록 한 것이다. 치료가 끝난 후 붓다는 그에게 의사로서의 마음가짐에 대한 가르침을 주었다.

"지와카야, 의사는 환자를 자비심을 가지고 자신의 아픔처럼 돌보아야 하며 결코 이익에 집착해서는 안 된다."

"병자의 아픔이 자신의 아픔"이라는 자비의 가르침을 들은 지와카는 크게 뉘우쳐 붓다야말로 의사 중의 의왕이라고 생각했다. 이후 붓다의 가르침을 깊이 명심하고 이를 실천하여 그의 의술은 더욱 현란하게 빛났다.

지와카는 붓다께서 설하신 4성제를 병자 치료 방법에 적극적으로 활용하였다. 환자의 몸에 나타난 각종 증세를 병이라는 괴로움으로 보고 이 증세가 나타나게 된 원인을 정확히 분석하여 필요한 치료법을 파악하여 치유하는 4성제의 원리를 치료에 적용한 것이다. 이는 그가 환자의 질병에 대한 좀 더 세심한 관찰과 성의 있는 치료를 하게 만들었으므로 붓다를 통해서 명의 지와카가 새롭게 태어난 것이다.

붓다의 인격과 인품의 가르침에 감복한 지와카는 붓다와 그 제자들이 건강하게 수행에 전념토록 교단 환경과 위생관리에 심혈을 기울였다. 제자들이 분소의糞掃衣* 즉 쓰레기장이나 공동묘지에서 주운 옷을 입어 질병에 걸리는 일이 많다는 것을 보고 수행자들이 깨끗한 가사를 빨아 입도록 허용해 주실 것과 더러운 옷을 햇볕에 말려 입도록 붓다께 청하기도 했다. 위생 상태가 나쁜 고대 인도 공동체 생활의 출가자에게 그는 정말 고마운 존재였다.

붓다가 감기에 걸렸을 때, 장염에 걸렸을 때, 데바의 돌에 맞아 발에 상처가 났을 때, 변비나 설사로 고생하실 때, 그는 정성으로 붓다의 치료를 맡아 건강을 유지하도록 하였다. 또 밤새워 뜬눈으로 정진하다가 눈이 먼 아누룻다(아나율 장자)를 치료하기도 하고 창병에 걸린 아난을 치료하는 등 제자들에게도 정성을 다하였다.

그 정성이 얼마나 지극했던지 그의 치료를 받기 위하여 임시 출가하는 사람이 나타날 정도까지 되었다. 당시 라자가하 주변에 나병이나 피부병과 같은 전염병이 돌자, 그에

◇◇◇◇◇

* **분소의糞掃衣** : 사람들이 입다가 버린 헌 천을 주워서 빨아 기워 지은 가사. 버린 천은 똥을 닦는 헝겊과 같다고 하여 분소의라 한다. 비구와 비구니가 탐심을 버리고 검소한 마음을 가져야 한다고 하여 이 가사를 입는다.

게 치료받으러 출가하는 사람들이 많았다. 그들은 병이 나으면 그 즉시 환속하기도 하여 출가자 사이에 큰 혼란이 일어나기도 했다. 이러한 사태를 염려하여 그는 중병을 가진 자는 병을 치료한 후 출가하도록 붓다께 청을 올려 오늘날 구족계를 받을 때 건강 여부를 검사하는 일종의 신체 검사 제도가 제정되기도 한 것이다.

그는 붓다와의 만남을 통해서 인간의 심신이 유기적인 관계에 있으며 이를 잘 관찰하여 원인을 알아내고 올바른 방법으로 치유했을 때라야 진정한 치료가 이루어진다는 사실을 알게 되었다. 이는 병자가 안고 있는 고통에 대한 깊은 이해 그리고 고통받는 환자에 대한 연민이 없이는 실천 불가능한 일이라는 붓다의 가르침에 의해서 의사의 직분을 깨우친 것이다.

이익과 편함을 쫓던 냉혈 의사에서 고대 인도의 생명 중시의 민속 의학인 아유르베다 의학**을 기초로 하여 불교적인 사성제의 원리를 가미하여 환자와 아픔을 같이하는

◇◇◇◇◇

** **아유르베다 의학** : 5,000년의 역사를 가진 세계에서 가장 오래된 의학으로 인도의 베다 철학에 기초한 인간의 생활과 체질에 기초한 약초 마사지, 요가 등이 활용된 기능 의학으로 서양의학, 한의학도 아유르베다 전통 의학의 영향을 받은 것으로 알려졌다. WHO가 1982년에 대체의학으로 인정하였다.

따뜻한 명의로 이름을 남기게 된 것이다. 붓다를 만나지 않았더라면 지와카는 눈에 보이는 상처만을 기계적으로 치료하는 그저 의술이 훌륭한 의사로 끝났을 것이다.

【 참조 】
이자랑 「붓다를 만난 사람들」 7 지와카, 《법보신문》, 2010. 07. 28.

4

인도의 황진이 암바팔리

_ 천한 기녀에게 내린 법문 "무상한 세월의 힘"_

우리는 어려서부터 우리나라와 중국의 미인들에 관한 이야기를 많이 들어왔다.

우리나라에서는 16세기 초 개성의 기녀 황진이가 최고 미녀로 잘 알려져 있다. 황진이는 박연 폭포, 서경덕과 함께 송도 3절로 알려졌지만 실존 여부에 의심을 두는 사람도 많았다.

규장각 사서였고 문장가인 이덕무李德懋가 지은 한·중·일의 시가집 『청비록』에 기생 황진이를 소개함으로써 황진이의 이름과 그의 아름다운 글 솜씨와 미모가 온 나라에

퍼졌다.

15살 때 동네 총각이 그녀를 보고 반해 상사병에 걸려 죽었는데, 그의 상여가 황진이 집 문 앞에서 꼼짝하지 않자, 황진이가 나와 관을 어루만지며 위로하자 움직였다고 한다. 이를 계기로 황진이는 평범한 여자의 삶을 접고 시詩·서書·무舞에 능한 기녀가 되어 저명한 문인 학자들과 교류하면서 고루한 유교 사회의 남성 인텔리들을 농락하는 여러 일화를 남기고 있다.

그녀는 "청산리 벽계수야 수이감을 자랑 마라…", "동짓달 기나긴 밤을 한 허리를 베어내어…" 등과 같은 사랑 시를 지어 각종 교과서에도 실릴 정도로 서정적이면서 문학적 소양이 풍부한 절세가인이었다.

중국에서도 고사에 나오는 월나라 범려의 여인이었던 침어侵漁(고기가 물 밑으로 숨다) 서시西施, 한나라 때 흉노 선비의 비운의 왕후였던 낙안落雁(기러기가 날다가 떨어진다) 왕소군王昭君, 삼국시대 여포 장군의 애첩이었던 폐월閉月(달이 모습을 감추다) 초선貂蟬, 당나라 현종의 경국의 왕비였던 수화羞花(꽃이 부끄러워하다) 양귀비楊貴妃 이야기는 경국지색의 이야기로 인구에 많이 회자되곤 한다.

붓다 생존 시에도 우리의 황진이와 비슷한 인도 역사상 최고의 격 높은 절세미인이 북인도 왓지국 수도인 바이살리에 살고 있었다.

당시 인도는 16강국으로 나뉘어 통치되고 있었는데 북서부에 있는 왓지국의 도시 바이살리는 릿챠위(Licchavi)족 등 8종족이 연합하여 세운 인류 최초의 공화국 수도였다. 이 도시는 릿차위 왕자들이 다스리고 있었는데 동서 교통의 요충지로서 무역이 활발하여 막대한 부를 축적, 그에 맞춰 문화도 상당히 발달해 있었다. 바이살리에는 7,000여 개의 누각과 연못이 있는 공원이 있었고 7,000여 개의 둥근 지붕을 가진 건물이 서 있는 화려한 도시의 면모를 갖추고 있었다.

붓다가 천상이 어떤 모습인지 궁금하면 바이살리를 가보라고 말씀할 정도로 상상속의 도시처럼 화려하고 번성한 도시였다. 바이살리는 붓다가 최후의 안거를 마치고 열반의 땅 구시나가라로 가시기 전 마지막으로 들렀던 곳이기도 하다. 하지만 바이살리를 더욱 빛낸 것은 당시의 인도에서 가장 아름다운 여인 암바팔리 때문이기도 했다.

암바팔리를 한 번이라도 만나보기 위하여 많은 돈과 보석을 둘러매고 몰려드는 장자와 공자들 때문에 바이살리

거리는 항상 흥청거렸고 이들이 뿌리는 돈으로 바이샬리 경제는 번창을 거듭했다.

옆 나라 마가다국의 빔비사라왕이 수도 라자가하(왕사성)를 더욱 번영시키기 위하여 암바팔리와 버금가는 청순미인 사라와티를 선발하여 고급 유곽을 설치한 것만 보아도 바이샬리가 얼마나 번성하였는지 짐작할 수 있다. (참고로 사라와티는 인도의 화타라고 불리는 인도 최고 의사, 붓다의 전속의인 지와카의 어머니다.)

후한 환제 시대(147~167) 안식국 출신 승려 안세고安世高가 번역한 『불설내녀기역인연경佛說㮈女祇域因緣經』에는 암바팔리의 전생과 어떻게 붓다의 제자가 되었는지에 대한 내력이 다음처럼 자세히 나와 있다.

위의 경에 따르면 암바팔리는 전생에 바라내波羅㮈국의 가난한 집에서 태어났는데, 설법을 하는 가섭불을 위하여 남의 과수원에 가서 사과 하나를 구걸하여 가섭불에게 바친 적이 있었다. 이 사과 보시의 인연으로 훗날 그녀는 천상의 왕후로 태어나기도 했지만, 석가모니 붓다와 같은 시기에 태어날 때는 유야리국의 국왕 동산에 있는 망고나무 아래에서 고아처럼 태어났다고 한다.

암바팔리는 바이샬리 성 밖의 망고 숲에 버려진 채로

이 세상에 태어났지만, 그곳 관리인 간다가 주워 딸처럼 애지중지 키웠다. 망고라는 뜻의 암바와 관리인이라는 뜻의 팔리는 그녀의 이름 암바팔리가 되었다. 간다는 딸을 훌륭하게 교육했기에 15세가 되니 눈부신 미모와 넘볼 수 없는 교양으로 먼 마을에까지 이름이 알려졌다.

그녀의 미모로 인하여 많은 사내들이 몰려들어 바이살리 성내와 성 밖 망고 숲 앞은 젊은 사람들의 경연장처럼 항시 북적거렸다. 마지막에는 주변 7개국 왕자들의 청혼 경쟁이 붙어 전쟁 일보 직전까지 이르는 지경이 되었다. 도저히 이 사태를 자신의 힘으로는 해결할 수 없다고 판단한 아버지는 딸에게 스스로 결정하도록 맡겼다.

이에 암바팔리는 "내가 어느 한 왕자와 결혼한다면 나를 차지하지 못한 왕자는 권위가 손상되어 분노에 사로잡히게 될 것이다. 그렇게 되면 많은 사람을 고통으로 몰아넣을 전쟁 상태가 될 것이다. 나는 차라리 모두의 여인이 될지언정 한 사람의 여인이 되지는 않아야겠다."라고 선언하며 자청하여 유곽의 여인이 되었다.

당시 인도에서의 유곽 제도와 기생은 나라에서도 권장하고 민중들 사이에서도 직업으로서 선호하는 사회적 분위기였다. 암바팔리는 망고 정원에 화려한 누각을 짓고 춤과 노래와 웃음을 파는 생활을 시작하여 막대한 돈을 모았다. 덕분에 바이살리는 더욱 번창했고 주변국의 부러움을 샀다.

외모만큼이나 아름다운 마음을 가진 그녀는 웃음을 팔아 모은 돈을 빈민 구제와 각종 사회복지 사업에 쏟아 부었다. 그녀의 손길을 받은 사람은 말할 것도 없고 바이살리 시내에 암바팔리를 존경하지 않는 사람은 찾기 힘들었다. 모든 남자가 그녀에게 빠져 흐느적거렸지만, 그녀가 사랑의 눈길을 멈추는 사람은 없었다. 그러던 어느 날 밤 마가다국의 밤비사라왕을 만나 사랑의 밀월을 받아들였고 두 사람 사이에 아들이 태어났다.

그녀는 아이가 생긴 것을 숨기지 않았다. 태어나면서 버려진 자신의 과거처럼 버려진 사람의 고통을 아들에게 전하고 싶지 않은 그녀의 태생적 아픔 때문이었을 것이다. 아버지의 존재까지 밝혔지만, 빔비사라왕에게 어떠한 요구도 하지 않았다.

고귀한 왕족 혈통과 기녀의 혈통을 이어받은 아들 위말라꼰단냐는 훌륭하고도 엄격한 교육을 받으며 잘 자랐으나 자신의 태생적 상황을 일찍 파악하고 출가를 결심할 만큼 순수하고 영민했다. 출가한 그는 엄격하고 철저한 수행으로 마침내 아라한과를 얻었으나 그의 소원은 어머니의 출가였다.

붓다와 제자들이 최후의 안거를 마치고 구시나가라로 열반의 길을 떠나시기 전에 마지막으로 바이살리에 들렀다 가기로 되어 있었다. 암바팔리는 이 소식을 듣고 당시 바이살리의 최고 권력자 그룹인 릿차비족 공자들보다 먼저 붓다께 공양을 드리겠다고 하여 승낙을 얻었다.

뒤늦게 이 소식을 들은 릿차비족 공자들이 암바팔리에게 붓다의 공양을 양보하라고 압력을 넣었다. 그러나 그녀의 완강한 거절에 직면하자 공자들은 붓다를 직접 찾아가 본인들의 공양을 먼저 받아 주시라고 간청하였다. 붓다께서는 선약을 어길 수는 없다고 거절하시고 이튿날 망고 정원에 제자들과 함께 공양하러 오셨다.

바이살리에서 공자들의 요구는 곧 법이나 마찬가지인데 공자들의 요청을 마다하고 암바팔리의 공양 초대에 먼저 나타나신 것을 본 시민들은 암바팔리의 힘에 놀랐다. 그리고 힘보다는 언약을 지키는 것이 더 중요하다는 것을 실천하시고 브라만 계급이나 천민이나 모두 평등하다는 것을 보이시는 붓다의 뜻에도 크게 감동했다.

암바팔리는 정원 입구에서 붓다 일행을 공경하게 맞았

다. 정원은 깨끗이 잘 정돈되어 있었고 시중드는 사람들은 법도에 어긋나지 않게 민첩하고 친절하여 붓다와 일행이 편안하고 흡족해 할 수 있도록 했다.

공양이 끝난 후 암바팔리는 붓다의 발아래로 가서 꿇어 엎드려서 여쭈었다.

"고귀하신 붓다시여, 부모님께 버림받고 뭇 남자들에게 억지로 웃음을 팔아야 하는 삶이 고통스럽습니다. 어떻게 이 고통을 없앨 수 있습니까?"

붓다께서 그녀를 안아 일으키시며 말씀하셨다.

"암바팔리야, 과거는 지났고 미래는 아직 오지 않았다. 너에게 주어진 것은 오직 지금뿐이다. 지금 오늘에 충실해라. 너는 무상한 것에 집착하였다. 무상한 것을 움켜쥐고 내 소유라고 착각했기 때문에 고통을 겪고 있었다. 아름다운 얼굴과 건강한 신체 그리고 억만금의 재물은 결코 너를 보호해 주지 않는다. 세상만사는 변화하는 것, 영원한 것은 없다. 모든 것은 세월의 무상함에 힘없이 무너진다. 가진 것이 많을수록 번뇌는 쌓일 뿐, 다만 한 가지 참다운 것은 바른 법(진리)을 지키는 것이다. 이것만이 너의 뜻에 따라 영원히 네 곁에 머물며 위안과 기쁨을 주는 것이다."

이것이 그 유명한 "무상한 세월의 힘"의 설법이다.

감격한 암바팔리는 붓다의 발등에 입을 맞췄다. 세상이 만든 고통에 시달려왔다고 생각해 왔는데, 붓다의 말씀을 듣고 보니 자신이 만든 고통에 스스로 시달려 왔던 것이 아닌가? 이에 아버지가 평생 돌보았던 자신이 소유한 망고 숲을 붓다와 수행자들의 수행 장소로 보시하기를 청하여 붓다께 허락받았다. 그녀는 황금 주전자에 담은 물을 부어 망고나무 정원을 교단에 보시하는 의식을 치렀다. 이곳이 훗날 천축 5대 정사의 하나인 암마라수원菴摩羅樹園, 소위 망고 동산이다.

세상에서 가장 사랑하는 아들 위말라꼰단냐의 간곡한 호소에도 마음이 흔들리지 않았던 그녀가 출가를 용단하게 된 것은 붓다의 설법 "무상한 세월의 힘"이었다.

인도에서 가장 아름다운 기녀로서 훗날 붓다께 귀의해 성인에 버금가는 대우를 받은 절세미인의 아름다운 이야기는 지금까지도 인도 사회에 이어져 온다. 현재 뉴델리 박물관에는 붓다를 영접하는 암바팔리의 상아 부조가 전시되어 있다.

【 참조 】
「세상을 바꾸는 불교의 힘」,《법보신문》1447호, 2018. 07. 11.

5

아소카 대왕,
동양의 콘스탄틴 대제

_ 피가 강물처럼 흐르는 칼링가 전투의 참회 _

『플루타르크 영웅전』「알렉산더 대왕」편에 보면 기원전 4세기경 대왕이 인도 서북부(간다라 지방 일대)를 침공했을 때, 인도의 젊은 장교가 알렉산더 대왕에게 마가다국 공격을 건의하는 장면이 있다. 이 젊은 반역 장교가 후일 조국 마가다국의 난다 왕조를 무너뜨리고 기원전 315년에 마우리아 왕조를 일으킨 찬드라 굽타이다.

왕으로 등극한 굽타는 인더스강 근방의 그리스 세력을 일소하고, 시리아의 맹주가 된 알렉산더의 후계자 셀레우코스 리카르도와 자웅을 겨룰 만큼 세력이 강대해졌다. 그

는 후일 셀레우코스의 왕녀를 왕비로 맞아들이는 정략혼
인으로 셀레우코스와 강화를 맺기까지 한다.

마침내 찬드라굽타는 북으로 히말라야산맥, 남으로 빈
디아산맥 너머의 여러 지방, 동으로 벵골만, 서로는 아라비
아해에 걸친 통일 제국을 건국해 수도를 파탈리푸트라(화
씨성)로 삼아 마우리아 왕조(마우리아는 공작을 뜻함으로 공작 왕조
라 한다.)를 열었다. 24년간 왕위에 있었으며 철저한 자이나
교 신봉자로서 종교적 고행의 삶을 살았다.

그의 후계자인 장자 빈두사라가 왕위를 이어받아 25년
간 통치하면서 영토와 국력을 더욱 넓혀 나갔다. 브라만
교의 열렬한 신봉자인 빈두사라왕은 수많은 왕비를 두어
101명의 왕자를 보았는데, 장자 세습과 왕의 신임까지 두
터운 장자 수사마修私摩가 이미 태자로 책봉되어 있었다.

그러나 마우리아 왕조의 3대 왕은 태자 수사마가 아닌
이복동생 아소카가 물려받았다. 아소카의 어머니는 페사
리국의 첨파성 브라만의 딸인데 빈두사라 왕에게 시집와
서 아소카와 동생 비다수가毘多輪柯를 낳았다. 아소카는 피
부색이 아리안족과는 달리 거칠고 껄끄러우며 생김새가
못생겨 주위 사람들, 특히 부친의 눈길은 받지 못했고 오
히려 경원시 당했다.

빈두사라 왕이 부용국으로 거느리던 덕차시라德叉尸羅라는 나라에서 반역이 일어나자, 아소카는 병사와 물자도 변변치 않았지만 이를 잘 수습하였다. 재차 반란이 일어났을 때 아버지 왕은 아소카를 보냈을 때와는 달리 많은 정규군과 함께 태자 수사마를 보내 진압시켰다.

이때 아버지 빈두사라가 갑자기 병으로 죽었다. 급히 장례를 치른 후 조부 찬드라 굽타가 궁정 혁명을 일으킨 것처럼, 아소카는 궁정 대신들과 모의하여 왕위를 찬탈하고 이복형인 태자를 수도로 불러들여 죽였다. 그리고 형제 왕자 99명을 무참히 숙청하고 공작 왕조 제3대 왕으로 등극한다.

왕이 되자 처음으로 한 일이 시내에 감옥을 새로이 만들어 높은 담장과 망루를 세우고 화로와 창칼 등 고문 기구를 마련하여 마치 지옥의 관문처럼 꾸민 일이었다.

또 모습과 행동이 흉포하기 이를 데 없는 사람들을 모아 전옥으로 임명했다. 처음에는 죄인들의 죄의 경중을 가리지 않고, 죄만 지었다 하면 처벌하더니 나중에는 감옥 앞을 지나가는 자는 누구든 가리지 않고 죽였다. 지나가는 자는 모두 죽였기에 모든 사람의 입이 봉해져 아무도 그러한 사실이 있다고 말할 수도 없는 무법 암흑천지로 변하고 말았다.

또 왕을 무시한다고 하여 기존 궁정 대신 500여 명을 몰살하고 자신을 따르는 대신으로 갈아치웠다. 궁녀들이 궁중 정원의 무우수가* 만발한 것을 보고 즐겨 쳐다보자 자신의 이름과 같은 꽃을 함부로 쳐다본다고 하여 궁녀들을 불에 태워 죽이기도 했다. 그의 악마 같은 행동을 보고 당시의 사람들은 그를 "악마 아소카"라 부르며 무서워 벌벌 떨었다.

포악한 아소카는 통일 전쟁을 벌이는 10년간 인도 전국을 피로 물들였다. 불교사에서 최고의 전륜성왕으로 추앙되고 있으나, 불교 경전 『잡아함경』 권23에서는 아소카왕 집권 초기의 포악한 기록이 상세히 그려져 있다.

즉위 8년 할아버지가 완전히 정복하지 못한 벵골 만 연안의 강국 칼링가를 정복하기 위해 60만 보병과 10만 기병, 코끼리 9천 마리를 이끌고 쳐들어가서 10만 명의 인명을 살상하였다. 이때 들판은 시체로 가득 찼고 강물은 핏

◇◇◇◇◇

* **무우수** : 인도에서의 아소카나무다. 산스크리트어로 걱정이 없다는 뜻이어서 무우수無憂樹라 의역된다. 룸비니 정원에서 마야부인이 석가모니를 낳을 때 손으로 잡은 나무이며 또 석가가 이 나무 밑에서 깨달음을 얻었다 한다. 아숙가阿叔迦로 음사되어 아소카와 발음이 비슷하다.

빛으로 물들었으며 하늘은 까마귀 떼로 시커멓게 뒤덮여 암흑천지가 되었다.

아소카는 인도 통일 전쟁을 마감하는 최대의 전쟁에서 승리한 직후 승리감에 도취하여 피로 물든 칼링가를 말을 타고 위풍당당하게 입성하였다. 그러나 자신의 야심 때문에 널브러진 10만 민중의 시체 더미에서 흘러나온 피의 강물과 애타게 부모를 찾는 고아들의 애절한 울부짖음, 생을 포기한 듯한 피정복민들의 표정에서 심장이 멎는 듯한 충격에 휩싸이고 말았다.

'아, 나는 이 죄업을 어찌 할 것인가?'

이후 그는 오랫동안 지속되던 침략 전쟁으로 수많은 희생자를 만든 것을 깊이 참회하였다. 그리고 무력으로 이룬 승리보다는 진정한 승리란 불교적 정법에 따른 승리라는 것을 깨닫고, 어머니 다르마 대비의 말씀에 따라 불교에 귀의하였다.

그 후 전쟁에 대한 진지한 참회로 불교의 가르침에 따라 전국에 병원·보육원·양로원 등을 대대적으로 지어 병자와 약자들을 치료하고 후원하는 자선사업을 시작으로 후생 복지사업을 대대적으로 벌여 나갔다.

더불어 전란으로 피해 본 생물 특히 동물들을 보호하여

역사상 처음으로 동물병원을 세우고 수의사 제도까지 만들어 생명외경 사상을 실천하였다. 불교의 자비와 인애를 현실 정치에 옮겨 전국의 죄수들을 때맞추어 석방하고 살생을 금하며 수렵을 폐지했다.

아소카는 통일전쟁에서 획득한 부를 우선 국가의 공공시설에 투자하여 국부를 증대시키고, 늘어난 부를 공평한 정책으로 재투자하여 서민들에게 골고루 분배함으로써 인심을 구했다.

실제로 열악한 백성들의 생활 개선을 위하여 우물을 파거나 홍수 대비 사업을 벌이고, 곡식 창고를 지어 남는 곡식을 저장해 두었다. 그랬다가 나중에 싼 이자로 빌려주고 사정이 좋을 때 갚는 일, 풍년에 저장했다가 흉년에 그 곡식으로 구휼하는 일 등을 벌여 백성들의 경제적 구조 사업을 아낌없이 시행하였다.

한편 브라만교와 자이나교 등 여러 종교들의 자유를 맘껏 보장하면서도 그는 불교에 깊은 관심을 보여 수많은 불교 승원과 84,000개의 불탑을 세웠다. 불교를 각지에 전파하였고, 불자들을 후원하여 불교가 타 종교보다 교세 확장이 활발하도록 우선 지원하였다. 특히 몸소 석가모니 유적지를 탐방하여 참배하고 방문 지역의 세금을 감면해 주었으며 기념 석주를 세워 석가모니 성소를 기리는 활동 등으로 불교에 대한 그의 깊은 신심을 나타냈다.

1896년에 독일 고고학자 알로이스 퓌러가 룸비니 불교 유적지에서 발굴한 기원전 2,500년에 세워진 아소카 석주에는 고대 브라마어로 다음과 같이 적혀 있다.

"많은 신들의 사랑을 받는 파야다시(아소카의 별명)왕은 즉위 20년이 지나 친히 이곳을 찾았다. 여기서 붓다 석가모니가 태어났기 때문이다. 돌로 말의 모양을 만들고 석주를 세운다. 이곳에서 위대한 분이 태어났음을 알리기 위해서다. 룸비니 마을은 토지의 세금을 면제하고 오직 생산물의 1/8만을 징수한다."

이 석주는 현장 법사의 『대당서역기』, 법현 스님의 『불국기』, 혜초 스님의 『왕오천축국전』에도 언급이 되어 있어 고대 인도사 연구에 매우 중요한 자료가 되고 있다. 더불어 신화라고까지 여겨지던 붓다의 역사적 실존 문제를 실증적으로 확인시켜 주는 유물로서 불교도에게 그 귀중함은 세상 무엇과도 바꿀 수 없는 것이다. 인도에서는 최고의 보물로서, 석주의 사자상이 인도의 국가 문장으로 사용되고 있고 인도 지폐에서도 볼 수 있다. (『왕오천축국전』에서는 석주를 당幢이라고 표현하고 있다.)

아소카는 인도 통일을 위한 과업으로 일으킨 전쟁의 참화를 반성하고 자비와 화목으로 이상적인 사회를 실현하기 위한 불교적 전륜성왕이 되고자 수많은 불교적 신행을 결행한 불교 지도자다. 35년간의 재위 기간 동안 불교의 진리인 정법에 기초한 이상적인 사회를 이루기 위해 불교사에서 주목할 만한 몇 가지 사업을 수행했다.

우선 그는 불교 전도 사업을 시작했다. 정법의 대관이라는 이름으로 왕자 마힌다와 왕녀 승가밀다를 위시한 승려들을 스리랑카를 비롯한 동남아시아, 중앙아시아 페르시아, 그리스, 이집트 등 세계 각국에 보내 불교의 가르침을 전하고 불탑을 건립하는 불교 선교 사업을 수행했다. 당시 스리랑카에는 브라만교, 자이나교 등 16외도들이 성행하고 있었는데 불교가 처음으로 유입되어 전파되기 시작, 마침내는 불교 국가로 변모된다. 이러한 전도 사업을 통해 불교가 인도의 변방 종교에서 세계종교로 도약하는 계기가 마련되어 동서양 세계에 불교가 전해지게 된 것이다.

다음으로는 고승을 초청하여 법문을 들으며 승려들에게 공양을 베풀고 불교의 교리를 정립하였으며, 석가 입멸 200여 년이 지나 문란해진 승가의 기강에 엄격한 계율 질서를 확립시켰다. 그리고 정법 승려들로 하여금 화씨성에서 제3회 결집을 수행하게 하여 미진한 경·율·론 3장의 결집을 어느 정도 보완하였다.

제3회 불전 결집은 왕의 아우인 목갈리푸타가 왕명을 받들어 승려 1,000명을 선출한 후 자신이 우두머리가 되어 결집한 것이다. 1, 2회 결집이 부처님의 인격 중심의 결집이라면 3회 결집은 붓다처럼 되려는 불신관佛身觀과 수도관修道觀을 더욱 보충한 결집으로 남방 불교에서만 행해졌다고 전해질 뿐 북방 불교에는 전해지지 않았다.

그리고 아소카는 본인의 치적을 불교적 이상과 결부시켜 인도 전역을 순회하며 칙령을 발표하고 민정을 살피면서 룸비니, 마야데비 사원, 사르나트(녹야원), 바이샬리 등 가는 곳마다 '담마탐바(법의 기둥, 소위 아소카 석주)'를 남겼다.

대부분 13~15m의 거대 석주로서 40개 가량이 건립되었다고 한다. 그러나 현존하는 것은 20개 정도로 기둥의 꼭대기에 조각된 코끼리·물소·말·사자의 네 동물과 둥근 법륜法輪이 새겨진 것이 완전히 남아있는 석주는 4개에 불과하고 기타의 것은 형태가 많이 훼손되었다.

그중 사르나트에서 출토된 것은 보존 상태가 거의 완벽해 인도 국립 박물관에 보관되어 있다. 이 사르나트의 사수석두四獸石頭 유물은 인도의 화폐 루피의 여러 곳에 그려져 있고, 인도 공식 인장에도 찍혀 있는 귀중한 유물이다.

아소카가 남긴 이 2,000년 전의 유물들은 동서양 문화 교류의 표상인 간다라 미술의 고고학적 유물로서 인도는 물론 시리아와 이란 등 중동 지역의 고고학적 연구는 물론 불교사 연구에도 커다란 도움을 주고 있다.

아소카는 불교적 이상을 현실 정치에 구현시키려고 시도한 동양의 정치인 중에서 가장 훌륭한 인물이어서 역사가들 사이에서는 기독교를 공인하고 수호한 서양의 콘스탄틴 대제에 자주 비견된다. 만년에는 정치를 황족과 대신들에게 맡기고 왕궁 내에 은거하면서 70여 세까지 수행자의 여생을 보냈다고 한다.

part 2

붓다의 가계와 혈족

1

붓다 암살 작전

_ 극우파 우두머리, 사촌 동생 제바달다의 음모 _

붓다의 만년에 붓다와 교단에 일어나서는 안 될 사건이 벌어졌다. 붓다의 사촌 동생 제바달다의 교단 반역과 붓다 암살 계획이 그것이다.

붓다의 후계자가 되기를 원했던 제바달다는 붓다가 사리자舍利子를 후계자로 점지한 것을 알고, 중도적인 교단의 계율을 트집 삼아 극단적으로 엄격한 계율을 주장하고 나섰다. 그리고 교단 분립을 꾀하면서 붓다를 암살할 계획을 세워 이를 실행한 극우파의 우두머리가 되었다.

붓다의 아버지 정반왕(수도다나, 깨끗한 쌀이라는 의미)은 첫째

백반왕, 둘째 곡반왕, 막내 감로반왕(반다카) 등의 세 아우를 두고 있었다. 막내 반다카(감미로운 이슬을 머금은 쌀이라는 의미)는 두 아들을 두었는데 제바달다와 아난이다. 그러므로 제바달다와 아난은 붓다의 사촌 동생들이다.

다문多聞* 제일, 총지摠持** 제일의 아난은 영민하고 기억력이 매우 좋아 나라에서 따라올 사람이 없었다. 붓다가 출가한 지 6년여 만에 왕궁에 다시 돌아와 중생들을 구할 법을 강의하고 계실 때, 붓다를 곁에서 수행할 비서 격의 시봉(수행 비서)이 필요했다. 제자들이 아난이 가장 무난하다고 추천하여, 마다하는 붓다와 아난 본인의 승낙을 어렵게 얻어 시봉 제자가 되었다.

탐탁지 않은 승낙을 한 아난이었지만 시봉이 된 후에는 하루도 거르지 않고 붓다가 계신 곳이면 어디든 따라다니는 수행비서가 되었다. 붓다 열반 후 제1차 불경 결집 때에 붓다의 45년간의 설법 내용을 그대로 기억하여, 여시아문如是我聞(내가 이처럼 들었다.)으로 시작하는 불경의 대부분을 구술, 선창함으로써 불법이 후대에 전해지는 데 큰 기틀을

◇◇◇◇◇
* **다문多聞** : 많은 법문을 외어 앎이 많은 것을 말한다.
** **총지摠持** : 진언(다라니)을 외워서 모든 법法을 가지고 있는 것을 말한다.

놓은 명민한 제자였다. 붓다가 돌아가신 후 그는 마하가섭 존자의*** 뒤를 이어 불맥 제2대조가 된다.

아난의 친형 제바달다가 사촌 형 붓다를 배반하고 암살까지 도모하며 급기야는 분파를 일으켜 극우 비주류 불교 세력의 두목이 된 사연은 이렇다.

붓다 성도(도를 깨우쳐 성인이 됨) 6년 후 카필라성에 돌아오셨을 때 수많은 청년이 설법을 듣고 깊은 감명을 받아 출가하여 스님이 되었다. 제바달다도 이들 중 한 명이었다. 그는 출가 후 12년 동안이나 수행을 열심히 하였으며 두타행****에 뛰어났고 그가 읽은 경전이 6만 권이나 되어 수레로 실을 수도 없을 정도의 열렬한 독서가였다고 한다.

그때까지 브라만 사상이 널리 만연되어 있던 인도 사회에서 붓다의 직계 친족인 왕족이고, 12년간이나 일심 정진하여 계율과 수행에 어느 사람보다도 우수하다고 자부한 제바달다는 이런 생각을 하였다.

◇◇◇◇◇

*** **마하가섭 존자** : 부처님 10대 제자 중의 한 사람으로 두타 제일이고 붓다의 법을 이은 제1대 제자다.
**** **두타행頭陀行** : 산스크리트어 Dhuta의 음역으로 의식주에 대한 욕심을 버리고 정진 수행하는 것을 말한다. 두타행 생활 규범은 엄격하다. 후세에는 산이나 들, 나아가 세상을 돌아다니며 온갖 고행을 인내하는 행각수행行脚修行의 의미로 사용되었다.

'이미 신통력도 아난을 통해 익혔고, 나는 서른 가지 상을 갖추었으니, 붓다보다 그다지 부족하지 않다. 더욱이 수많은 수행승과 대중들이 나를 따르고 있으니, 여래와 다를 것이 무엇인가?'

그리하여 세속에서의 존속 관계도 가장 가까우니 붓다의 종교적 후계자는 마땅히 자신이 되어야 한다고 굳게 믿고 있었다. 그러나 붓다는 제바달다가 세상의 욕망을 버리지 못한, 아직은 깨달음이 미약한 수행자라고 생각하여 사리불이나 목건련보다 못하다고 여기는 듯하였다.

제바달다는 어릴 때부터 총명하였지만 질투심이 강한 사람이었다. 그는 자신이 수행 연마한 신통력으로 자신의 목적을 실현하려고 시도해 보았으나 붓다가 완강히 거부하여 이를 이루지 못하였다. 제바달다는 붓다의 승단과 유리된 극우적인 모임까지 조직하여 붓다의 설법을 방해하고, 가정처럼 화목하고 화기애애한 교단을 분열시켜 승단의 평화를 파괴하려고 생각하였다. 이를 위하여 정치권력과 손잡고 붓다의 영향력을 제압하려고 획책하였다.

그는 우선 석가족의 외도* 비구 참모이면서 친구인 쿠갈

◇◇◇◇◇

* **외도** : 붓다의 가르침과 다른 진리의 길을 말하는 종교 그룹을 말한다.

리, 켄다다부, 카루라다이사, 신못닷다 4명을 설득하여 본인 편으로 만들었다.

이들이 제자 500인을 데리고 새로운 교단에 들어오자 이들 새내기 제자들에게 지키기 어려운 수행 계율인 '제바달다의 오법五法'으로 무장시켰다. 직급이 높은 승단의 장로들에게는 붓다의 설법은 "설법이라고 할 수도 없는 비설非說이고 사법邪法이다."라고 깔아뭉개는 비판을 하여 본인 편으로 끌어들이려 하였다.

제바달다가 과격한 이론으로 붓다를 비방하며 교단 분열을 기도하고 있다는 것을 알아차린 교단의 지도자 사리자와 목건련은 설득과 회유를 거듭하였으나 아무 소득이 없었다. 이러한 상황을 보고 받은 붓다가 제바달다를 직접 만나 승단의 화합에 역행하는 행위를 그만둘 것을 설득하였다. 제바달다는 붓다 앞에서는 반드시 그러겠다고 하고서는 돌아서서는 계속 딴 일을 벌여 나갔다.

그가 평생 지켜야 할 수행법으로 주장한 '오법'은 극단의 고행을 주장하는 것으로서 "욕심을 버려야 만족함을 얻는다."라고 하여 무지한 중생들로 하여금 기쁘게 믿고 따르게 만드는 아주 입맛이 당기는 미끼였다. 어떤 측면에서는 "자신 속에서 부처를 찾아라."라고 하는 중도적 방법의 불교 교리보다 더 쉽게 어필하는 수행법이기도 한 측면이 있었을 것이다.

구체적으로 '5법'이란 첫째, 숲에서 기거하고 성안에 살지 않는다. 둘째, 탁발에 의지하되 초대하는 공양을 받지 않는다. 셋째, 거친 옷을 입고 고운 옷은 입지 않는다. 넷째, 생선이나 육회를 먹지 않는다. 다섯째, 소금을 먹지 않는다는 다섯 가지의 계율을 신조로 삼고 이를 엄격히 수행하는 것이다.

이 5법은 기존의 정사 생활과 육식도 허용하고 비위생적인 분소의를 깨끗이 세탁하여 입도록 하는 기존 교단의 중도적인 계율과 전혀 다른 극단적인 계율이었다.

이들 극우적인 세력은 비록 숫자는 적었지만 극우의 특성상 단결력이 강하고 행동이 빨라 기존의 교단을 쉽게 분열시킬 수 있었다.

『십송율』 권36에는 비구 500명이 제바달다 파에 가담했다고 적혀 있다. 제바달다가 세력을 확장시켜 나가고 있을 즈음 기존 교단의 활동 근거지는 왕사성 부근의 대나무 숲, 즉 죽림 공원이었다.

이 죽림 공원은 붓다의 강의에 깊이 감화 받은 왕사성의 부호인 기타 장자가 넓고 수목이 가득한 공원을 보시하고,

그곳에 마가다 왕국의 빔비사라왕이 죽림정사를 크게 지어 교단에 보시한 것이다.

교단은 이곳을 대중들의 집회소로 또 강의용 대강당으로 사용하여 그때까지 조직화되어 있지 않았던 초기 교단의 조직 기반을 단단히 구축하는 데 잘 활용하고 있었다. 붓다께서도 여섯 번의 우기를 이곳에서 보냈다. 이러한 연유로 죽림정사를 인도 승원의 효시로 치고 있다.

이 정사를 기증한 빔비사라왕은 16세에 등극하여 서북 지역과 동북부에 분열되어 있던 여러 국가를 마가다 왕국으로 통일시키고 52년간이나 통치한 군주다. 왕은 코살라 국왕의 누이인 코살라 왕비와의 사이에 아자타사트루(아사세)라는 아들을 두고 있었다.

빔비사라왕과 붓다와의 인연은 이미 6년 전에 시작되었다. 싯달타가 왕궁에서 출가하여 고행하며 왕사성 거리에서 걸식을 하고 있을 때, 왕이 그를 본 적이 있었다. 당시에 왕은 그의 존귀한 모습과 위엄 있는 행동에 크게 감명을 받았으며 언젠가 반드시 만날 인연이 있으리라고 생각했었다.

그로부터 6년이 지나 우연히 왕사성 거리에서 가섭 선사를 데리고 대중들에게 설법하는 석가를 만나게 된 것이다. 그는 석가와 만나 평소의 의문점을 묻고 해답을 얻었다. 불가에 귀의한 왕은 석가 붓다에게 거처하고 싶은 곳을 물었다.

붓다가 "시내에서 너무 멀지도 가깝지도 않고, 밤에는 너무 시끄럽지 않고 혼자 있기에 알맞은 곳에 머물고 싶다."라고 하자 다람쥐들의 보호구역인 죽림 공원과 죽림정사를 기꺼이 보시하게 된 것이다.

빔비사라왕에 대하여 이야기한 것은 왕의 아들 아사세 태자와 불교 근본주의자인 반역자 제바달다가 이상한 음모적 관계가 있기 때문이다. 제바달다는 가장 가까운 인척임에도 불구하고 형님인 붓다로부터 자신이 후계자가 될 수 없음을 통고받자, 붓다를 없애고 자신이 교단을 장악해야 한다는 극단의 결심을 한다.

우선 그는 신통력이 사리자나 목건련 보다 못함을 알고 동생 아난과 육사외도* 중의 한 사람인 푸라나캇사파에게 신통력을 전수받았다. 이 신통력으로 빔비사라왕의 태자

◇◇◇◇◇

* **육사외도六師外道** : 기원전 5~6세기경 갠지스강 유역에서 많은 제자와 세력을 갖고 있던 자유사상 중의 여섯 사람, 이들의 가르침이 붓다의 것과 달라 외도라 한다. 이 6인은 ①산자야벨라티풋타(회의론자, 불가지론자) ②아지타케사캄발린(유물론자) ③막칼리고살라(숙명론자) ④푸라나캇사파(도덕 부정론자) ⑤파쿠다캇차야나(불멸론자) ⑥니간타나타풋타(고행주의적 불살생론자, 자이나 교주)이다.

아사세에게 접근하여 태자는 새로운 왕이 되고 제바달다 본인은 새로운 부처가 되자고 협약을 하였다.

천성적으로 아버지를 미워하고 권력욕이 강하며 정치적이었던 아사세는 "아버지 왕이 늙었으니, 왕위를 양위하라." 하고 겁박하여 왕위를 탈취하고 말았다. 그런 다음 아버지를 감옥에서 굶겨 죽이고 제바달다와의 협약을 실행에 옮기기 시작하였다. 태자가 아버지를 굶겨 죽인 이야기도 너무나 유명한 이야기이므로 나중에 다시 다루겠다.

제바달다의 첫 번째 붓다 암살 계획은 왕궁의 코끼리를 이용하는 것이었다. 그는 태자가 코끼리 기르는 것을 좋아하는 것을 알고 태자가 기르는 훈련이 덜 된 흉포한 코끼리를 이용하여 살해하자고 모의했다.

붓다가 탁발하기 위하여 성에 들어올 때 코끼리 조련사에게 포악한 코끼리를 풀어 놓게 했다. 그런데 성안으로 몰려 들어간 성난 코끼리가 붓다를 보자마자 얌전해지고 코로 붓다의 발에 묻은 먼지를 털어주기까지 하여 첫 번째 계획이 무산되고 말았다.

두 번째 계획은 건장한 청년들을 돈으로 매수하여 그들의 완력으로 직접 붓다를 살해하는 것이었다. 매수된 청년들이 칼을 숨기고 붓다가 있는 곳으로 갔을 때, 붓다는 신통력으로 저들이 살인자임을 아시고 인자하게 그들을 불렀다. 놀란 청년들은 저도 모르게 칼을 던지고 무릎을 꿇고 예를 올리며 붓다께 귀의했다. 두 번째 계획도 이렇게 실패했다.

살해 계획이 어려워지자 제바달다는 태자와 더 직접적인 세 번째 계획을 모의했다. 제바달다는 4명의 자객을 고용하여 왕사성 밖 기사굴에 있는 홈파라야챠 석굴 근처를 지키게 하였다. 그런 다음 명상을 마치고 입구로 걸어 나오는 붓다에게 석굴 위 바위를 굴러 떨어트리기로 하였다.

영축산 기사 굴에서 명상 후 걸어 나오는 붓다 머리 위로 4명의 자객이 굴린 바위가 굴러 떨어졌다. 바위가 머리 위로 굴러 떨어질 때 붓다의 신통력으로 큰 돌은 이리저리 딴 방향으로 굴러가고 작은 돌멩이가 붓다의 발끝을 스쳐 피가 났다. 이것이 출가 후 붓다 몸에 피가 난 것의 처음이고 또 마지막이다.

경전에는 이 상처를 교단 전속 의사 지와카가 치료하였다고 기록되어 있다.

제바달다는 여기서도 실패하여 붓다께 위해를 가할 수가 없자 조바심에 괴로워하고 있었다. 주위에서는 붓다를 위해하는 일은 불가능한 일이라고 하며 이제는 참회하고 용서를 받는 것이 좋겠다고 하였다. 그러나 제바달다는 마지막 네 번째 계획으로 용서를 비는 기회를 이용하기로 결심한다.

그는 자신의 손톱에 아주 강한 독을 묻혀 붓다께 참회하러 가서 절을 하는 척하다가 달려들어 해치고자 하였다. 마침내 붓다의 얼굴을 긁으면서 시해하려고 손톱에 독을 묻혔더니 오히려 손톱의 독이 몸으로 퍼지고 땅이 꺼지면서 제바달다는 산 채로 구덩이 속으로 떨어지고 말았다.

또 한편 제바달다는 교단에서 독립하여 별개의 교단을 이끌었다는 이야기도 있다. 최초의 불교 교단의 분파 활동인 셈이다.

붓다가 열반하신 후 1,000년이 훨씬 지나서 7세기경에 현장 법사가 인도 여행을 한 후 지은 『대당서역기』에 제바달다의 무리가 활동하는 모습을 담은 내용이 있다. 그런 것으로 보아 그의 교단이 붓다가 돌아가신 후에도 오랫동안 존속했던 것으로 보인다. 『대당서역기』에는 영축산 입구에 제바달다가 떨어진 계곡이 아직도 있다는 구절이 있다.

오늘날의 불전은 모두 붓다 직계 제자들이 편찬 저작한 것이므로 그릇된 모든 비 불교적 행위는 제바달다에게 돌리고 있다. 많은 경전 특히 『중아함경』·『불본행집경』·『생경』·『육도집경』·『백유경』·『잡비유경』·『중경찬잡비유』·『보은경』·『현우경』 등에 붓다 선업의 상대로서 악업의 주인공인 제바달다가 빈번하게 등장하는 것을 볼 수 있다.

2

아버지 정반왕의 장례식

_ 붓다는 세속 아버지의 장례를 어떻게 치렀나? _

성인이 되어 속세와 인연을 끊고 불법 전도에 전념하던 붓다가 천륜의 관계인 부왕이 돌아가셨을 때의 장례식에서 어떻게 하셨을까 하는 것을 알아보는 것은 흥미로운 일일 것이다. 그것을 알아보고자 한다.

붓다의 고국인 석가국은 고대 인도 16개국 중에서도 세력이 미약하여 마가다국의 부용국으로 살아왔다. 그러나 비록 약소국이기는 하지만 석가국이 주위의 형제국들과 큰 분쟁 없이 평화롭게 살 수 있었던 것은 정반왕의 통치력 때문이었다. 그는 아버지 사자협왕의 유훈을 잘 지켜

애민정신으로 통치하고 부용국으로서의 외교정책을 슬기롭게 펼쳤다. 한편으로는 동북부의 교통로를 이용하여 물산과 교역을 잘 펼쳐 나라 살림살이는 항시 윤택해 백성들은 안온한 생활을 누릴 수 있었다.

더욱이 고대 인도의 브라만적인 사회질서 속에서도 불교의 교세가 왕성히 뻗어나가고 있는 것이 확연해짐에 따라 붓다의 아버지, 붓다의 고국이라는 동경심과 외경심을 국내 정치와 외교정책에 잘 활용하여 주변국으로부터 부러움을 사고 있었다.

그러나 그때까지 왕좌를 이을 태자도 정해지지 못한 채 정반왕은 늙고 병들어 뼈마디가 끊어질 듯이 아프고 숨도 가빠서 시의 대신 기바까지도 손을 쓸 수가 없는 상황이 되어가고 있었다.

이를 옆에서 지켜보고 있던 백반왕, 곡반왕, 감로반왕의 세 동생과 대신들은 "대왕은 평소에 덕을 많이 쌓았고 악업을 행한 바가 없으므로 몹쓸 병마도 오래 고통을 주지는 못할 것입니다. 너무 근심하거나 괴로워하지 마소서." 하고 위로를 했다.

그러나 병석에 누운 정반왕은 "나는 죽기 전에 장자인 싯달타와 둘째 아들 난다, 총명한 조카 아난 그리고 사랑하는 손자 라훌라를 만나보고 죽었으면 소원이 없겠다. 이들을 보지 못하고 죽는 것이 한이 된다."라고 하며 천륜의 애달픔으로 한숨과 눈물을 비 오듯 흘렸다.

이때 붓다는 부왕이 누워 계시는 카필라성으로부터 50유순이나 떨어진 마가다국의 왕사성 영축산에 계셨는데 그곳에서 70이 넘은 부왕 정반왕이 위독하다는 소식을 들었다. 붓다는 즉시 신통력으로 부왕의 마음을 읽고 동생이며 제자인 난다와 아들이며 제자인 라훌라에게 급히 부왕에게로 가도록 조치하고 자신도 아난, 사리자, 목건련 등 제자들과 길을 서둘렀다.

성에 도착하니 백성들은 대왕이 돌아가시면 우리나라는 대가 끊어져 필시 멸망할 것이라고 발을 동동 구르며 어찌할 바를 모르고 있었다. 붓다가 그들에게 말씀하셨다 "이별은 예나 지금이나 똑같다. 나고 죽는 것은 고통이요, 오직 도만이 진실이다."

이때 붓다의 몸으로부터 품어져 나오는 광명이 온 세상을 밝히니 부왕의 몸에까지 그 빛이 비쳤다.

부왕이 말했다.

"이게 웬 빛이냐? 이 빛이 나의 몸에 닿자 근심과 괴로움이 싹 가시는구나. 나의 아들이 여기에 온 것이 아닌가?"

"붓다와 난다, 라훌라가 오고 있습니다."

왕은 뛸 듯이 기뻐하며 자신도 모르게 벌떡 일어나 침상 위에 앉았다.

"장자인 붓다가 와서 뼈가 마디마디 끊어지는 아픈 내 몸을 한 번만이라도 어루만져 주면 좋을 텐데…"

일행과 함께 도착한 붓다를 만나자마자 부왕은 그 고통이 씻은 듯 없어졌다.

붓다가 동생이며 제자인 난다에게 말했다.

"난다야, 부왕은 본래 그 모습이 단정하고 기골이 장대하셨다. 지금은 병으로 쇠약해서 뵙고서도 알아보기가 어렵구나. 그 위엄이 있던 모습은 다 어디로 가버렸을까?"

붓다가 손수 왕의 이마에 손을 대며 말씀하셨다.

"아버님 왕께서는 선근을 쌓았으므로 기뻐하실 뿐 근심하거나 괴로워하지 마시고 경전에 담긴 불법의 의미를 새겨 굳건한 뜻을 세우십시오. 곧 때가 오더라도 마음을 편히 가지십시오."

부왕은 아주 작은 목소리로 두 아들과 손자의 좋은 모습을 하나하나 눈여겨 보았다. 그리고 눈을 들어 사랑하는 왕비와 동생들의 모습을 한참이나 둘러보았다. 붓다께서 『양마바라본생경量摩波羅本生經』을 말씀하시니 왕은 붓다의 손을 잡아 편안히 자신의 가슴에 놓았다. 그러면서 아나함 과*를 얻으며 서서히 숨을 거두었다. 인류 최고의 스승인 붓다의 아버지 정반왕 슈도다나의 임종 모습은 그렇게 여 느 왕보다 더 장엄했다.

왕이 붕어하자 모든 석씨 가족들이 흐느끼면서 향 즙으 로 왕의 몸을 씻기고 겹패(목화)와 비단으로 싸서 염습하였 다. 칠보로 화려하게 수놓은 병풍을 향나무 관 주위에 둘 러친 후 시신을 사자자리 위의 관 안에 안치시키고 꽃을 뿌리고 향을 피웠다. 붓다는 난다와 함께 머리 쪽에, 아난 과 라훌라는 발 아래 서 있었다.

난다 등이 붓다께 아뢰었다.

"저희를 잘 길러 주셨음을 기려 저희가 관을 메겠습니 다."

붓다가 이들을 제지하며 미래에 불효한 중생들이 부모님 의 양육 은혜를 저버릴까 염려하여 본보기가 되고자 몸소 관을 어깨에 메려고 하셨다. 이를 보고 대천 제석천 등 천 신들과 욕계의 수많은 권속이 우르르 몰려들며 이를 말렸

◇◇◇◇◇

* **아나함과** : 아라한과의 전전 단계로 욕계로 윤회하여 더 배울 필요가 없는 경지 이다.

다. 여러 왕이 붓다께 아뢰었다.

"저희는 부처님의 제자로서 부처님의 법을 들어 수다원 과를 얻었으므로 부처님의 아버지는 곧 저희의 아버지입니다. 그러니 아들인 저희가 메야 합니다."

붓다가 사천왕에게 관을 메도록 허락하자 사천왕은 사람의 몸으로 변신하여 관을 들어 어깨에 멨다.

몸에서 위엄 있는 광채를 비춰 내시는 붓다는 손에 향로를 잡으시고 관의 맨 앞으로 나아가시어 운구 대열에 섞여 묘소에 닿았다.

이때 영취산의 제자 1,000명의 아라한들도 달려와 붓다의 발 아래에 머리를 조아리며 자신들도 할 일을 달라고 졸랐다. 붓다께서 그들에게 바닷가에 가서 우두전단*과 향나무를 가져오라고 하였다. 이렇게 향나무 장작을 준비한 후 대중들이 함께 쌓아 관을 화장하였다. 대중들이 활활 타오르는 불길을 보고 슬퍼하며 울부짖었다.

이에 붓다께서 이렇게 설하셨다.

"삶은 공허한 것이고 무상한 것이다. 마치 허깨비 같으며

◇◇◇◇◇

* **우두 전단** : 인도 마라야 산에서 나는 붉은색의 나무로, 불 속에서도 잘 타지 않고 헌 데를 바르면 잘 아무는 신비한 향나무이다.

물속에 비치는 달과 같으며 거울에 비친 모습과 같다."

시신이 다 타자 불을 끄고 뼈를 거두어 금강 함에 담아, 탑을 세워 그 속에 넣었다.

대중들이 물었다.

"아버님은 어디로 가셨습니까?"

붓다가 말씀하셨다.

"욕계 6천 중의 4천에 있는 도솔천에 나셨느니라."

【 참조 】
『불설정반왕반열반경佛說淨飯王般涅槃經』
《통합대장경》「경율이상」 제7권, 양사문 승만, 보창 편집.

3

아내 야소다라의 한 맺힌 사부곡

_ 간택과 재상봉, 그리고 출가 _

천축 다섯 나라의 최고 미녀이고, 왕가의 품위와 교양을 갖춰 자부심으로 똘똘 뭉친 아가씨가 고종사촌 오빠이고 석가족의 태자인 싯달타를 처음 만난 것은 후일의 시아버지 정반왕이 마련해 놓은 간택 예비행사 때였다.

정반왕은 자신의 뒤를 이어 카필라 성주가 될 아들의 아내를 고르기 위해 카필라성은 물론 주위 형제국에서 500명의 미녀를 초대하였다. 그리고 그들에게 줄 꽃바구니도 예쁘게 미리 마련하여 태자가 한 사람씩 직접 건네는 프로그램을 마련한 멋진 행사 자리를 마련하였다.

쿨리성의 성주 스프라붓다는 매형인 정반왕과 누나 마하마야 부인의 부탁을 받고 귀여운 딸 야소다라*에게 "그 자리에 가서 사촌 오빠의 얼굴도 보고 꽃바구니도 받아 보는 것이 어떠하냐?"라고 조심스럽게 물었다. 야소다라는 부모의 강권으로 마지못해 연회에 가보니 이미 꽃바구니는 소진되고 남은 것이 없었다.

싯달타 태자가 조심스럽게 다가와 자신의 몸에 장식한 보석들을 벗어주려 하였다. 야소다라는 태자가 자신에게 관심이 있다는 것을 알아차렸다. 그러면서도 토라진 소녀처럼 보석들을 조심스럽게 사양하며 "제가 어찌 태자의 몸에 걸쳐 있던 보물을 벗기겠습니까? 차라리 태자의 옥체에 제가 장신구가 되고 싶습니다."라고 수줍은 속내를 보였다.

처남 매부 간의 긴밀한 합의로 쉽게 결혼이 이루어졌다. 카필라성으로 신행을 가는 날 야소다라는 인도의 관행인 신부의 얼굴을 가리는 베일 쓰기를 거부했다. 혼례 시녀가 베일을 건네자 "흠도 없는 얼굴을 가릴 필요가 뭐가 있겠느냐?"라며 관습을 깨는 의지를 보인 자부심 강한 당찬 여

◇◇◇◇◇

* **야소다라** : 『석보상절』과 『월인천강지곡』에서는 이름을 구이俱夷라고 했다.

인이었다.

태자 싯달타와 동갑인(6살 어리다는 설도 있다) 태자비로서의 생활이 어떠했는지는 기록에 별달리 남은 것이 없지만 태자가 아내도 몰래 시종만 데리고 출가한 것으로 미루어 보면 두 사람 사이에 내적 고민은 있었으리라고 짐작된다. 아들 라훌라의 출생에 관한 야사도 여러 가지 있지만 태자 29세 출가 전에 태자비가 출산한 것은 틀림없다.

태자 출가 후 12년, 마침내 성도하신 붓다가 카필라성을 찾아온다는 소식을 접한 아버지 정반왕과 대신들, 성내 백성들은 성 밖까지 나와 열렬히 환호 영접하였다. 그러나 아내인 야소다라는 궁내에서 아들 손을 붙잡고 조용히 앉아 바깥의 환호성을 듣고 있었다. 아무리 성도하신 분일지라도 천륜의 시작인 아내와 아들을 만나러 올 것으로 생각한 것이다. 마지막 남은 여인의 자존심이었다.

이윽고 정반왕의 권유로 왕궁에 들어온 붓다는 야소다라가 생활하는 후궁에 들렀다. 이때 붓다는 사리불과 목건련에게 야소다라가 어떠한 반응을 보이더라도 간섭하지 말라고 당부한 후 준비된 자리에 앉으셨다. 세속의 인연을 되새기는 자신의 생생한 모습을 보이신 것이다. 야소다라는 구르는 듯 달려와서 붓다의 발에 머리를 조아려 경배하며 환희의 눈물을 감추었다. 10여 년간의 아내로서 여인으로서의 서러움과 원망 그리고 그리움이 폭발한 모습이다.

며느리의 모습을 본 시아버지 정반왕이 말했다.

"붓다시여, 우리 야소다라는 태자가 누른 옷을 입는다는 말을 듣고는 자신도 항상 누른 옷을 입고, 태자가 하루에 한 끼를 먹는다는 말을 듣고는 자신도 하루에 한 끼만 먹으며, 태자가 큰 침대를 없앴다는 말을 듣고는 자신도 짚방석 위에서 자고, 태자가 향화를 쓰지 않는다는 말을 듣고는 자신도 향화를 치웠으며, 다른 친족 왕들이 재혼을 여러 번 권하여도 거들떠보지도 않고 자신을 지켜 온 덕성을 갖추고 있습니다."

태자빈이 기특하고 가여워서 거든 것이기도 하지만, 왕궁을 떠나 성도를 이룬 태자가 왕궁으로 돌아오기를 원하는 아버지 왕의 심정을 야소다라를 빌려 말한 것이었다. 혹시나 사랑하는 아내와 아들을 보고 마음이 바뀌어 환속하리라는 요행을 바라는 심정이기도 했다.

붓다께서 이 말을 듣고 말씀하셨다.

"대왕이시여, 기특한 일입니다. 야소다라는 대왕의 지극한 보호 속에서 자신이 갈고 닦은 지혜로 자신을 지켰지만, 예전에는 산속에서 누구의 도움도 없이 오직 타고난 지혜로 자신을 지킨 훌륭한 여인이었습니다."

그리고는 야소다라의 전생, "달 아가씨" 이야기를 하셨다.

옛날 히말라야산맥 은월산 아래에 음악 신 찬드라가 아내 달 아가씨와 살고 있었다. 그때 바라나시를 다스리는 왕은 나라의 일을 대신에게 맡기고 두벌의 누른 옷과 다섯 자루의 무기를 지닌 채 히말라야의 산을 자주 여행하곤 하였다.

어느 여름, 음악 신 찬드라가 아내와 같이 산에서 내려와 맑은 물이 졸졸 흐르는 개울가로 놀러 갔다. 아내는 몸에 향을 뿌리고 꽃 같은 엷은 옷을 입고 꽃을 따먹으며 맑고 부드러운 소리로 노래 부르면서 개울가로 갔다. 그곳에서 꽃을 뿌리며 물장구를 치다가 다시 개울물을 나와, 은빛 모래밭 위에 자리를 펴고 누워 퉁소를 불기도 하고 남편의 노래에 반주를 맞추기도 하며 흥겹게 춤을 추고 있었다.

때마침 산을 오르던 왕이 이 광경을 보고 한 눈에 달 아가씨의 아름답고 요염한 모습에 눈이 멀어버렸다. 그는 그만 '저 사내를 죽이고 저 여인을 빼앗자.'라고 생각하고 등에 지고 있던 활통에서 화살을 꺼내 찬드라 신을 향하여 시위를 당겼다. 활에 맞은 사내는 고통에 신음하면서도 님을 향한 본인의 마음을 노래하며 죽어갔다. 달 아가씨는 즐거움에 취해 이런 일이 일어난 줄도 모르다가 나중에야 이를 알아차리고 놀라움과 슬픔에 겨워 울부짖었다.

이 순간 눈앞에 나타난 왕의 얼굴을 보고 달 아가씨는 두려움과 분노에 몸을 떨었다. 그리고 산꼭대기에 서서 "이 일을 저지른 악마의 아내와 자식들에게도 이와 같은 슬픔을 겪도록 해주세요."라고 악에 받친 고함을 질렀다. 왕은 달 아가씨를 진정시키려 노력하면서 여러 가지 누릴 수 있는 왕궁의 영화들로 꾀어 봤지만, 회유는커녕 달 아가씨의 슬픔과 분노는 더 커져만 갔다. 왕은 할 수 없이 그녀를 버리고 산에서 내려갔다.

왕이 떠나자 달 아가씨는 싸늘하게 식어가는 남편의 몸을 감싸 안고 슬픔에 몸부림쳤다. 그리고 히말라야 산신에게 죄 없는 사람을 지키지 못하는 산신의 무능함과 남편 없는 삶의 무의미함을 눈물로 호소했다.

이 슬프고 간절한 호소에 신이 감응하여 갑자기 하늘에 있던 제석천의 앉은 자리가 뜨거워졌다. 제석천이 그 연유를 알아차리고, 곧 브라만으로 행색을 고쳐 산에서 내려왔

다. 그리고는 죽어가는 찬드라 신의 몸에 가져온 생명수를
뿌렸다. 그러자 상처는 깨끗이 나아 곧 벌떡 일어났다.

제석천은 "지금부터는 이 산에서 내려가서는 안 된다.
항상 여기 산속에서만 살아야 한다."라고 타이르고 하늘로
올라갔다.

붓다는 이 이야기를 마치시고 말하였다.

"아버님 왕이시여, 야소다라는 현세에서뿐만 아니라 전
생에서도 이처럼 나에게 알뜰했습니다."[*]

3일째에 왕궁에서는 정반왕의 제2부인이며 이모이고 자
신을 길러주신 마하파자파티가 낳은 동생 난다가 태자로
책봉되고 또 결혼하는 즐거운 날이었다. 이 경사스러운 날
붓다는 난다가 별로 달가워하지 않음에도 불구하고 출가
시켜 제자로 삼았다.

이렛날 아침에 붓다가 성안으로 걸식을 떠났다.

붓다 근처까지 따라 간 야소다라는 아들 라홀라에게 말
했다.

"아들아, 저기 몸에서 황금빛이 비치는 분이 우리를 떠

◇◇◇◇◇
* 『본생담』, 불전 제1편 제2절.

나 깨달음을 이루신 아버지이시다. 아버지는 많은 보물을 가지고 계셨는데 우리를 떠나실 때 너에게 남긴 것이 하나도 없다. 아버지에게 가서 '아버님 저는 곧 왕이 될 것입니다. 저에게 재산을 물려주시어 백성들을 잘 다스릴 수 있게 해 주시기를 바랍니다.'라고 하여라."

야소다라의 말은 어쩌면 아들이라는 천륜을 빌려 사랑하는 남편의 환속을 바라는 가련한 여인의 바람과 욕심이었으리라.

라훌라는 붓다께 다가갔다. 서로 눈이 마주치는 순간 라훌라는 깊은 아버지의 정을 느꼈다. 아마 붓다도 천륜의 정을 느꼈을지도 모른다. 아버지 붓다께 한달음에 달려갔지만 어딘지 모르는 강한 위엄에 급히 무릎을 꿇고 머리를 조아리며 말했다.

"저에게 재산을 물려주…저에게 재산을…."

라훌라는 정작 말도 제대로 잇지 못하고 붓다의 뒤를 졸졸 따라갔다.

붓다께서 죽림정사로 돌아가자마자 수제자 사리불에게 말하였다.

"저 아이는 세상의 값진 보물을 가지기를 원한다. 세상의 모든 것은 가지면 고통이 따르는 것, 나는 그에게 영원히 고통 받지 않는 보물을 주어야겠다. 사리불아, 저 아이를 즉시 출가시켜라."

야소다라는 욕심을 부리다가 오히려 코까지 베였다.

후일담이지만 아버지 정반왕은 나라의 대들보를 셋이나 잃었다. 붓다가 떠났고, 후사를 이을 난다 태자의 책봉도 못 했고, 며느리도 못 보고, 마지막 남은 손자도 자신이 알지도 못하는 사이에 출가를 함으로써 귀중한 자식과 손자 둘 모두를 잃게 되었다. 그리하여 살갗을 찢고 심장을 찌르는 것 같은 고통으로 살아야 했으므로 정반왕이 붓다께 요청했다.

"붓다시여, 지금부터는 부모의 허락 없이 자식이 출가하는 것을 금해 주소서."

붓다는 이 말을 허락하시어, 그 뒤부터 불가에서는 부모의 허락 없는 출가를 금하였다.

얼마 지나지 않아 슬픔에 겨워하던 정반왕이 노령으로 붕어하자 부인 마하파자파티가 스스로 머리를 깎고 누런 옷을 입고 사미가 되고자 하였다. 처음으로 여덟 가지 계율을 받고 비구니가 되는 것을 허가받아 여성 출가의 길을 연 것이다.

이때 야소다라도 시어머니를 따라 출가하여 붓다와 라

홀라 가까이에 있는 비구니 절에 머물렀다. 그러나 그녀는 사랑스러운 남편과 아들의 두 인연에 누가 되지 않도록 자신 스스로에 엄격했고 꾸준히 참회하며 잘 절제하여 명예를 지켰다.

『증일아함경』에는 밧다갓짜(BhaddaKaccanath)라고 불린 야소다라 장로니를 "구참괴제일俱慙愧第一" 즉 "계율을 깨뜨리지 않고 최상의 지혜를 얻은 비구니들의 으뜸"이라고 기록하고 있다.

4

동생 아난의 여난과 여성 출가

_ 아난의 입에서 불경이 열리다 _

붓다의 말씀을 기록한 팔만대장경 대부분은 아난 존자의 입으로부터 나온 것이나 마찬가지다. "여시아문如是我聞, 나는 이처럼 들었다."로부터 시작되는 아난의 선창에 기사굴산 제1결집에 소집된 500제자들의 토론이 진지하게 이어지고 증명되고 정리되었다. 그런 연후에 붓다의 법설이 세상에 진리의 문자로 전해지게 되었기 때문에 그의 선창 없이 불경은 결집되지 못했을 것이다.

아난은 정반왕의 셋째 동생 감로반왕의 아들로서 붓다의 사촌 동생이고, 붓다 암살 시도를 한 제바달다의 친동생이다. 아난은 붓다가 성도한 날 태어났다.

그가 사촌 형인 붓다를 처음 뵌 것은 8살 무렵, 붓다 성도 후 처음 귀향했을 때, 형 제바와 함께였다. 형 제바는 당시 25살 청년으로 그 즉시 출가해 제자가 되었지만, 어린 아난은 성스러운 형님의 모습을 감명 깊은 눈초리로 바라만 보았을 뿐이었다.

청년이 된 아난은 외모가 수려했고 탁월한 분석력과 집중력이 뛰어났으며, 다정다감한 목소리와 우아한 말투, 기품 있는 매너를 두루 갖춘 석가족의 귀공자였다. 그러니만큼 이렇게 잘난 미남 청년에게 여성들이 꼬여서 뭇 염문이 일어나고, 출가하여 붓다의 제자가 되었음에도 이 스캔들은 계속 생겨나 붓다가 신경을 쓸 정도였다.

우선 그의 스캔들을 보자. 이 스캔들은 여러 경*들에 기록되어 있지만 내용이 경마다 조금씩 다르다. 대충 그 줄거리를 요약해 보면 다음과 같다.

어느 날 아난이 탁발 중에 천민인 마등기**와 딸 프라

◇◇◇◇◇

* 「수능엄경」·「마등가경」·「불설마등녀경」 등의 경을 말한다.
** **마등기魔登祇 :** 인도에서 전다라와 같이 가장 천한 계급을 말한다. 남자는 마등가魔登迦, 여자는 마등기다.

그르티(발길제鉢吉帝)라는 여인의 유혹에 빠져 그녀들의 집에서 헤어 나오지 못하다가 붓다가 보낸 문수보살의 정광신주(다라니) 덕에 겨우 그 집에서 풀려나왔다. 유혹이 실패했음에도 불구하고 마등기와 딸 발길제는 아난이 탁발하기 위하여 사원을 나오기만 하면 짓궂게 쫓아다녔다.

이 사실이 자꾸 시중에 퍼지자 경건하신 붓다를 옆에서 모시고 다니는 아난은 몸 둘 바를 몰라 했고 결국에는 붓다의 수행까지도 어려워지는 지경이 되었다. 결국 붓다가 발길제를 직접 불러 아난과 앞으로 어떻게 하고 싶으냐고 물으셨다. 발길제가 아난과 꼭 결혼하고 싶다고 하는 바람에 아난의 입장은 더 곤란해지고 얼굴을 들 수 없게 되었다. 급기야는 수행비서 역할도 하기 어려울 지경에까지 이르렀다.

천민 여인의 공개 구혼에 교단은 물론 일반 대중들도 놀랐다. 그러나 붓다는 조금도 동요하지 않으시고 "아난의 빼어난 외양은 사실은 아무런 실체가 없는 것으로 허무한 것이니 마음을 바꾸라." 하고 발길제에게 말씀하셔도 사랑에 눈먼 여인에게는 우이독경이었다.

붓다는 그녀에게 "네가 먼저 출가하여 교단의 규율에 잘 따르는 수행을 하면 결혼을 허가한다."라고 하였다. 그러나 그녀는 두 말도 없이 붓다께 수계하고 사미니가 되어 수행을 열심히 하게 되었다. 발길제는 오로지 아난과 결혼할 욕심으로 열심히 수행하였지만 어느덧 불법의 참뜻을 깨달아 진정한 수행자가 되어 더 이상 아난과의 결혼에 집착하지 않게 되었다.

이렇게 여인이 마음을 바꿨지만, 세간의 시선은 예와 다름없었다. 이것을 보고 붓다는 아난은 전생에 전다라* 신분인 사리불의 외아들이었고 발길제는 브라만의 외동딸로서 브라만의 딸이 천민의 아들을 연모한 전생의 인연으로 이번 생에서 벌어진 일이라고 말씀하셨다. 이 말씀으로 신분에 대한 비난도 없어지고 수행비서인 아난도 스캔들에서 해방되어 시봉 생활을 잘 할 수 있게 되었다.

붓다께서 돌아가신 후 교단의 기강이 물러지자, 교법이 사라지거나 왜곡될 가능성이 높아지는 분위기였다. 이에 교단의 규율이 더 해이해지기 전에 법과 규율을 정리하여 기록화해야 한다고 생각한 교단 지도자들이 제1차 결집을

◇◇◇◇◇
* **전다라梅多羅** : 칸다라의 한역, 고대인도 카스트 사회에서의 4성 이외의 최하급 계층의 불가촉천민 계급. 백정, 망나니 등이다.

위한 모임을 왕사성 칠엽굴에서 가졌다.

결집이란 제자들이 저마다 붓다께 들은 법설을 먼저 외워 부르고, 외워 부른 내용의 바르고 그릇됨을 토론하고 올바르게 일으켜 붓다의 정법正法과 계율을 책으로 편집하는 사업이다.

제1차 결집에서는 마하가섭을 우두머리로 하여 아라한과를 얻은 500인의 제자를 엄선하여 경장과 율장을 제작 편집하기로 했다. 이때 제일 중요한 사람이 선창으로 암송할 스님이다. 모인 제자들이 율장 선창 암송인으로 지계 제일 우파리를, 경장 암송인으로 가장 총명한 암송 제일의 아난을 지명하는 데 만장일치였다. 아무도 두 사람의 실력에 이의가 있을 수 없었기 때문이었다.

이때 "아난은 안된다."라는 소리가 굴 안에 울려 퍼졌다. 우두머리인 마하가섭의 단호한 거부였다.

"아난은 붓다를 가장 오랫동안 가까이서 모셨고, 기억력이 제일 총명하여 암송이 우리 중에서 제일인데 왜 안 된다고 하십니까?"

아난이 교단 반역자 제바달다의 동생이기 때문일까? 아니면 여자 스캔들이 또 있는가? 여기저기서 웅성거리고 노골적인 불평까지 튀어나왔다.

"아난은 아직 깨달음이 부족하다. 아라한만 모인 이 자리에 비 아라한은 참석할 자격이 없다."

아난이 머리가 우수하고 붓다 곁을 오랫동안 지켰지만, 제자 500인이 모두 아라한과를 얻었는데 아난만 못 얻었다고 핀잔을 준 것이다.

사실 아난이 붓다의 비서가 된 연유가 있다. 성도 후 얼마동안 붓다를 옆에서 모신 스님은 사리자와 목건련 두 제자였으나 그들은 붓다와 동갑이라 곁에서 시봉을 하기에는 어울리지 않았다. 그래서 아난이 적합한 외모를 갖추었고 예절도 바르고 머리도 총명하여 비서로서는 가장 잘 어울리므로 사리자와 목건련이 젊은 아난에게 부탁한 것이었다. 여러 차례 요청과 거절이 반복되다가 더 이상 거절의 명분이 없어 아난이 조건을 제의했다.

"붓다께 올리는 의복과 공양을 나는 받지 않을 것과 붓다께서 신도들에게 초청받은 자리에 나는 가지 않아도 된다."라고 하는 것에 동의하면 비서직을 맡겠다는 조건이었다. 그 조건으로 수행비서가 된 아난은 붓다 곁을 평생 떠나지 않았다. 그리고 붓다의 모든 법설 내용을 비상한 암기력으로 기억했다.

500제자들이 이 내용을 알기 때문에 가섭의 이의를 받아들이지 못한 것이다. 그러나 가섭은 비록 아난이 법설을 많이 알지만, 선 수행을 통해 깨달음을 얻지 못했다고 본 것이다. 그는 아난을 진실로 좋아하고 아꼈다. 그러므로 어떻게 아난을 깨달음에 이르게 할 수 있을까를 고민한 것이다.

아난의 붓다에 대한 신심信心은 헤아리기 힘들 정도로 완벽하다. 그리고 의단擬斷도 많다. 다만 왜 붓다처럼 살지도 못하고 붓다처럼 행하지 못하며, 윤회를 거듭하고 있는지 뼈에 사무치도록 원망스럽고 분한 마음이 일어나야 하는데 이 분한 마음이 아난에게는 부족했다.

이 세 가지 신심信心·의심疑心·분심憤心이 같이 일어나야 깨달음에 도달하는데 분심(분한 마음)이 약하면 깨달음에 이르기 어렵다. 가섭은 아난이 대중 앞에서 창피를 당하고 대분심大憤心을 내도록 일부러 아난을 자극한 것이었다.

총명한 아난은 선배 가섭의 마음을 받아들여 7일간 용맹정진 수행하여, 아라한과를 얻고 마침내 결집에 참여할 수 있었다. 가섭이 그의 법설을 아난에게 물려주었던 것으로 보아 그가 얼마나 아난을 신뢰했는지 짐작할 수가 있다. 결국 10대 제자 중에서 붓다의 심법을 가섭이, 교법은 아난이 이어받은 것이다.

서산대사는 그의 『선가귀감』에서 "선은 붓다의 마음이고, 교는 붓다의 말씀이다."라고 했다. 마하가섭이 이어받은 붓다의 선법과 아난이 이어받은 붓다의 교법이 오늘날의 불교를 있게 한 주춧돌이 된 것이고 이 주춧돌 위에 화려한 불교의 건축이 이루어진 것이다.

고대 사회는 힘의 공격과 힘의 방어로 짜인 사회였다. 그러므로 여성보다 힘이 센 남성 우위의 사회일 수밖에 없었다. 불교가 탄생한 당시의 인도도 남성 위주의 사회였다. 이러한 사회적 분위기와 관습을 지켜 오던 시기에 남녀 공동생활 속에서 엄격한 규율을 지키기가 얼마나 어려운가를 아는 붓다는 교단 발전을 위해 여성의 출가를 단호히 막고 있었다.

세 차례나 왕후이자 양모이며 이모인 어머니가 간청을 올렸으나 여성이므로 안 된다고 모질게 거절했다. 그 모습을 곁에서 지켜본 아난은 스승의 어머니가 너무도 가련하여 견딜 수가 없었다.

아난은 지금까지 붓다를 곁에서 시봉하면서 붓다의 말씀이나 하시는 일에 거역한 적이 한 번도 없었다. 그러나 이번에는 달랐다. 그는 여성의 출가를 허락해 달라고 간청했다.

"왕비님은 붓다를 길러 주신 어머님이십니다. 어찌 그리
도 매정하십니까? 아버님이 돌아가신 후 궁전까지 버리고
오셨는데 이제 돌아가실 곳도 없지 않습니까? 제발 이번만
은 뜻을 굽히시고 이 일을 계기로 여성의 출가를 허락하여
교단을 새로운 방향으로 바꿔 보는 것이 어떠합니까?"

아난의 거듭되는 간청과 건의에 붓다는 오랫동안 생각
에 잠기셨다가 비구니 8계를 마련하도록 한 후 마침내 여
성의 출가를 허가했다. 이로써 비구니 승단이 처음으로 불
교 교단에 자리잡게 되었다.

5

석가국의 성립 유래와 멸망

_ 고국의 멸망을 지켜본 붓다 _

기원전 7~6세기경부터 인도 동부와 서부 지역에 금속 도구가 전해지면서 농업과 상공업이 급속히 발달하기 시작하였다. 이로부터 도시를 중심으로 강력한 왕권 국가가 탄생하기 시작한다. 경제적 자급자족이 이루어지면서 세력이 커지자 왕(rajan)들은 군대를 조직하여 이웃 국가를 정복하기 시작하고 국가 간의 통합을 통하여 인도는 마침내 16국의 통일국가로 정립되어 간다.

통일국가의 사회 체제는 기원전 15~12세기 무렵의 고대 베다 신정시대 유습이 그대로 이어져, 승려와 사제들의 브라만과 왕족과 무사의 크샤트리아 계급이 사회 지배층으로 자리가 완전히 잡혀갔다. 특히 이 시대의 왕들은 전륜성왕의 성격을 띠어서 통치에 종교적 이상을 가미한 절대군주들이 대부분이었다.

16왕국의 병렬 시대 초기는 쿠루국(kulu)과 판찰라국(Pancala)이 영화를 누렸으나 점차 권력의 이동이 북동부 지역으로 이동했다. 북동부 지역 국가 중 바이살리를 수도로 하는 밧지(Vajji, 왓지)는 절대왕정이 아닌 공화정 형태의 도시국가였는데 브라만들이 지배하고 있었다. 공화정 형태로 유명한 국가가 밧지 이외에 카필라바스투(kapilavastu, 카필라성)의 샤카(shakya, 석가족)가 있었다.

이 공화국들이 점차 주변 강대국에 합병되거나 부용국이 되면서 고대 인도는 코살라·마가다·아반티·밧지 등 4강국의 세력 판도로 바뀌어 오랫동안 4강국 체제가 유지되었다.

이후 인도 통일을 위한 패권 투쟁은 서북부의 코살라국과 동북부의 마가다국 간의 피비린내 나는 전쟁으로 이어졌다. 결국 마가다국이 승리하여 기원전 4세기경에 인도 최초 마우리아 통일국가가 태어난다.

이러한 열강 세력의 틈바구니에 끼인 작은 나라인 붓다

의 조국 석가국은 비록 위대한 성인을 탄생시켰지만, 불행히도 지금은 그 위치도 정확하지 않은 국가로 전락하여 불자들을 안타깝게 하고 있다. 이제 석가국은 어떻게 성립되었고 어떻게 멸망하였나를 더듬어 성인의 고국 역사를 알아두는 것이 불교 이해에 도움이 되리라 본다.

샤카족의 시조인 이크슈바쿠(Iksuvaku, 감로왕甘露王, 팔리어로는 오까까Okkaka)에게는 4남 5녀의 자손이 있었는데, 왕비가 죽자 젊은 왕비와 결혼하여 아들을 낳았다. 왕은 새 왕비를 너무나 사랑하여 무엇이든지 소원 하나를 들어주겠다고 하였다. 새 왕비는 태어난 아이 잔투(Jantu)가 왕이 되는 것이 소원이라고 했다.

장자가 당연히 왕이 되는 때인지라 참으로 어려운 문제였다. 왕은 이 사정을 왕자와 공주들과 상의하였다. 왕에게 극히 순종적인 네 왕자(오까무까, 까라깐다, 힛티니까, 시니뿌라)와 맏딸 삐야를 포함한 다섯 공주가 자진하여 외국으로 나가겠다고 결의한 후 북쪽으로 떠났다.

떠난 그들이 정착한 곳이 카필라왓투(가비라성迦毘羅城)였다. 그곳은 본래 카필라 선인이 살던 곳으로 선인은 이들 남쪽에서 온 선량한 왕자와 공주에게 강과 넓은 평야가 펼쳐진 비옥한 지역인 자신의 터전을 양보해 주었다.

샤카족은 본래 자신들의 혈통을 순수하게 보존하기 위하여 형제자매가 결혼하는 근친혼을 하며 살았다. 당시의 풍습에 따라 부처님의 아버지 석가국 정반왕은 혈통이 같은 종족인 꼴리야족의 마야와 마야 왕비의 동생 마하파자파티를 왕비로 맞이했고, 싯달타도 꼴리야족의 야소다라를 아내로 맞이하였다.

북쪽으로 간 네 왕자와 다섯 공주 가운데 맏딸 삐야는 한센병에 걸려 다른 오누이와 떨어져 숲속으로 들어가 살고 있었다. 마침 그때 한센병에 걸려 왕위를 물려주고 치료 목적으로 와 있던 바라나시의 라마(Rama)왕을 만났다. 이 둘은 동병상련으로 함께 살며 꼴리 나무 액으로 병도 완치하고 아이들을 낳으며 마을을 이루고 살았다. 이들 두 사람은 자주 출몰하는 호랑이를 피하고자 왕대추나무(꼴리야Goliya)를 마을 주위에 줄지어 심어 성벽으로 삼아 그 속에서 살았기 때문에 꼴리야족이라 불렸다.

한편 아들 네 형제와 다섯 딸을 외국으로 보낸 오까까(감자왕)는 자식들이 어떻게 지내는지 몹시 궁금하여 이를 알아보러 카필라왓투 지역으로 친행을 하였다. 그곳에서 사이좋게 행복하게 잘 지내는 왕자와 공주들을 보고 "역시 나의 아들딸들은 훌륭하고 능력이 있구나."라고 하며 이들을 석가족(샤카Sakya, 능력 있는 자라는 뜻)이라고 이름 지어 주었다. 그리고 자신이 시조가 되어 왕국으로서의 체제를 갖추도록 해주었다. 이러한 것은 티베트 율장과 팔리 주석서 등 여러 곳에 실려 있는 이야기다.

그리고 샤카족과 꼴리야족은 순수 왕족 혈통을 유지하기 위하여 친족끼리 근친결혼을 했으므로 두 민족은 한 핏줄이었다.

기원전 6세기의 인도는 코살라 왕국과 마가다 왕국이 서로 힘을 기르며 호시탐탐 상대방의 약화를 노리고 있던 대립의 시대였다. 그 시기의 코살라는 슈라바스티(사위성)를 수도로 삼고 우드 지방을 지배하며 북쪽에 석가족들의 소왕국들을 속국으로 거느리고 패권국의 위용을 과시하고 있었다. 코살라국의 프라세나지트(파사닉왕)는 붓다와 동갑으로 붓다를 존경하고 항시 가까운 관계를 유지하려고 애쓰는 재가 신도였다.

붓다가 성도한 지 오래되지 않았을 때였다. 파사닉왕은 왕위를 물려받은 지 얼마 되지 않았을 때 자신이 전륜성왕*

◇◇◇◇◇

* **전륜성왕** : 고대 인도의 이상적인 군주상으로, 무력이 아닌 정법正法으로 전 세계를 통치하며, 황제에게 요구되는 모든 조건을 갖추고 있다고 한다. 주로 불교·힌두교·자이나교 등의 종교에서 이상적인 군주상으로 간주되었다.

임을 천명할 필요가 있었다. 때마침 개방혼으로 혈통이 흔들리고 있는 점, 붓다와 가까운 인척이 된다는 것을 과시하고 싶은 이유 등으로 붓다의 모국인 속국 석가국의 공주를 왕비로 맞이하려고 정략결혼의 사자를 석가국에 보냈다.

근친혼으로 순수 혈통을 유지하던 석가족에게는 비록 불쾌했지만, 종주국의 명령이라 따르지 않을 수 없었다. 격론 끝에 마하남왕(정반왕의 둘째 동생인 곡반왕의 장자)의 미모의 여종 와사바깟띠야를 가짜 딸로 속여서 보내기로 하였다.

이러한 사실을 까맣게 모르는 파사닉왕은 석가족에서 온 여종을 제1 왕비로 정하고 얼마 지나지 않아 왕자 비도다바(비유리)를 낳았다. 파사닉왕은 비유리 태자를 후계자로 애지중지 키웠는데 8살이 되자 왕은 비유리로 하여금 외갓집에 가서 궁술을 배우고 오도록 하였다.

석가족은 궁술에 능하기로 인도 전역에 알려져 있었다. 비유리는 외조부 마하남왕을 만나 열심히 궁술을 배워 궁술의 달인이 되었다. 때마침 카필라바투스에서는 크고 화려한 강당을 준공하여 이 강당에 붓다와 대중들을 초청하여 공양하기로 계획되어 있었다.

이때 어린 비유리 태자는 강당에 들어가서 가장 높은 자리에 털썩 주저앉으며 호기를 부렸다. 그러자 이것을 본 석가족들이 "왕과 붓다가 앉을 자리에 종년의 자식이 무엄하게도!"라고 하며 비유리 태자를 끌어내려 뺨을 후려치고 앉았던 자리를 물로 씻었다. 바닥에서 일어난 태자는 울면서 수행 신하 호고에게 말했다.

"이 석가족은 나를 멸시하며 씻을 수 없는 모욕을 주었다. 내가 왕이 되면 석가족들을 모두 목 베고 그 자리를 피로 씻어 복수하겠다. 너는 내가 왕이 될 때까지 반복하여 이 사실을 나에게 알려 복수심을 잊지 않도록 하라."

호고는 그 후에 한 달에 몇 번씩 석가족이 사라질 때까지 비유리에게 이를 상기시켰다.

어느 날 파사닉왕이 붓다를 만나기 위해 슈라바스티를 비우자 장성한 비유리가 신하 장군들과 반란을 일으켜 왕위를 찬탈했다. 이 소식을 듣고 파사닉왕은 조카인 아사세왕의 도움을 얻기 위하여 마가다국의 왕사성으로 갔다. 그러나 밤이 깊어 성문이 닫히는 바람에 들어가지 못해 성 밖에서 피곤한 몸을 쉬다가 탈진하여 죽고 말았다.

왕위에 오른 비유리에게 호고가 고했다.

"석씨들을 기억하십시오."

비유리는 군대를 모아 석가족의 씨를 말리기 위해 출정의 나팔을 불었다. 이때 여러 비구가 붓다께 나아가 이 소식을 말씀드렸다. 붓다께서는 이 말을 듣고 비유리가 지나가는 길의 한 고목 밑에 앉아 기다렸다. 비유리가 수레에서 내려 붓다께 나아가 머리를 조아리며 말씀드렸다.

"잎이 많은 좋은 나무도 많은데 어찌 잎도 하나 없는 이런 고목 밑에 앉아 계십니까?"

붓다께서 말씀하셨다.

"석가족의 친족은 나의 가지와 잎이다. 친족의 그늘이 시원하구나. 그래서 내가 이 나무 밑에 앉아 있노라."

비유리왕이 붓다의 의중을 읽고 군대를 돌렸다. 호고가 다시 정벌해야 함을 고하자, 이때에도 붓다께서 고목 밑에 앉으셨고 비유리는 다시 철군했다. 후에 다시 비유리왕은 군대를 모아 세 번째로 원한의 길에 나섰다.

수미산을 자루로 삼고 땅을 거꾸로 돌리는 신통 제일의 목건련이 이 소식을 듣고 붓다께 나아가 말하였다.

"오늘 비유리왕이 군사를 몰고 다시 온다고 합니다. 제가 나서서 비유리왕과 군사들을 멀리 날려 버릴까요?"

붓다께서 말씀하셨다.

"너는 비유리와 석가족의 전생 인연까지 다른 세계로 던져 버릴 수 있느냐? 석가족의 인연은 이미 익었다. 이제 마땅히 그 인과응보를 받아야 할 때가 되었다."

비유리왕이 카필라성 문 앞에 당도했다. 석가족들이 멀리서 활을 쏘아 일부러 왕의 몸을 스치듯이 지나가게 하고 맞추지는 않았다. 비유리왕은 석가족의 궁술 실력을 아는지라 섬뜩함을 느꼈지만, 복수심은 화살보다 훨씬 더 깊었다.

호고 대신은 말했다.

"대왕님, 염려 마십시오, 저 석가족들은 계율을 잘 지키기로 유명합니다. 벌레 한 마리도 해치지 못하는데 하물며 사람을 죽일 리가 없습니다. 이대로 진격하면 석가족을 무찌르고 우리가 승리하여 비통한 원한을 갚을 수 있습니다."

성문을 열라는 비유리 군의 거친 압박에 마침내 성문이 열렸다.

비유리왕은 말했다.

"사람들이 너무 많아 다 죽이기가 힘들겠구나. 땅을 얕게 파서 구덩이에 다리를 묶은 후 난폭한 코끼리를 풀어 밟아 죽이게 하라!"

이렇게 수많은 사람을 밟아 죽이자, 외할아버지 마하남 왕은 비유리에게 나아가서 말했다.

"너의 원한이 깊은 것은 내가 이해한다. 그러나 제발 나의 한 가지 소원을 들어다오. 내가 저 연못 물 밑에 들어가 있다가 나올 때까지 만이라도 사람들이 달아날 수 있게 해다오. 내가 물에서 나오면 마음대로 죽여도 좋다."

비유리가 그 청을 들어주었다. 이때 외할아버지 마하남은 물속으로 들어가 물풀나무 뿌리에 머리카락을 묶어 목숨을 끊었다.

"왜 이리 오랫동안 물에서 나오시지 않느냐?"

신하들이 물속으로 들어가 마하남을 끌어내자 이미 죽어 있었다.

"내 할아버지가 죽을 줄 알았다면 석씨들을 치지 않았을 것이다."

이 마지막 공격에서 비유리는 석씨들 90만 명을 죽여 그 피가 흘러 강물이 되었다고 한다.

그 후에도 비유리는 500명의 미인을 모아 놓고 희롱하려 하였으나 종의 자식과 놀 수 없다는 말에 크게 화가 나서 이들의 손과 발을 잘라 땅에 묻는 악행을 저질렀다.

붓다가 사위국 기수급고독원으로 돌아가서 비구들에게 말씀하시기를 "비유리왕과 병사들은 오래 살지 못하고 일주일 후에 다 사라질 것이다."라고 하셨다. 비유리왕은 이 말씀을 듣고 공포에 휩싸여 신하들에게 경계를 철저히 하고 재난에도 엄히 대비하라고 명령했다.

일주일이 지나는 날 아침까지 별일이 없자 신하들과 궁녀들 그리고 병사들을 데리고 아지라 강가에서 휴식을 즐기고 그곳에서 야영했다. 그런데 한밤중에 때 아닌 구름이 일고 폭풍우가 쏟아져 그곳의 모든 것들이 물에 떠내려갔다. 또한 하늘에서 불이 쏟아져 왕이 거처하던 궁궐이 모두 타 없어져 버렸다.

이렇게 아리따운 효심에서 건국하여 능력 있게 유지되다가 헛된 욕망과 분노로 인하여 멸망하는 조국 석가국의 마지막을 붓다는 인과응보의 윤회의 눈으로 지켜볼 수밖에 없었다.

사라진 석가국의 위치는 인도와 티베트 사이에 있었다고 알려져 있다. 그러나 오늘날까지 아무도 정확한 위치는 모른다. 현장과 법현, 혜초의 여행기마다 위치가 다르고, 아소카 석주의 석가 출생국 위치도 모호하다. 고고학적 유적 발굴이 있었으나 정확한 위치를 정설로 확정한 적도 없어, 역사적 진실을 밝히는 것은 진정 어려운 일이라 보겠다.

업보라는 것은 이처럼 정확하고도 무서운 것이다.

【 참조 】
『인도불교』, 나라야스아끼, 정호영 옮김, 민족사, 1989.
"초기 불교 경전 불교 백팔 문답", 지견청정, Blog, 2020. 9. 30.

part 3

유명한 스님들

1

원효 대사

_ 비주류 자유인, 해동 종조, 대 저술가 _

신라는 불교를 삼국 중 가장 늦게 받아들였지만, 시대적 상황과 잘 적응시킴으로써 가장 훌륭한 불교국가로 발돋움하였다. 눌지왕으로부터 7, 80년 잠잠하던 불교가 법흥왕이 공인한 후부터 왕권 강화를 위한 주류세력의 홍보 이념으로 정착하여 흥륭하기 시작하였다. 특히 젊은 국가의 동량 결사체인 화랑의 지도 이념으로 자리매김을 하면서부터 국난 극복의 호국 이념으로, 유교적 사상을 가미한 사회의 지도 이념*으로 발전을 거듭, 이에 따라 승려의 사회적 지위는 크게 향상되어 주류 세력화되었다.

그러나 불교가 동방으로 들어온 지 비록 오래되었으나 불법을 유지하고 받드는 규범이 없는 것이 불교 확장에 걸림돌이 되고 있었다. 이에 따라 선덕여왕은 당에서 귀국한 자장에게 승려의 기강을 새롭게 하고 기복신앙과 결부된 백성들의 불교적 기강을 확립하는 규범의 제정을 맡겼다. 더 나아가 승려들의 수행 생활을 대국통 자장에게 위임하여 주관하게 하였다. 그 결과 신라는 자장이 도입한 화엄 주류의 불교국으로 터를 잡게 되어 불법을 받드는 자가 열 가구 중 여덟, 아홉 가구가 되었다고 한다. 진평왕으로부터 무열왕 대까지의 불교 승단은 자장 율사의 법융, 황용사 계열 화엄 승단이 왕실과 귀족 세력의 엄호 아래 주류가 되어 불교계를 이끌어 가고 있었다.

어느 시대나 주류가 성하면 비주류가 나타난다. 이 주류 승단에 저항하는 비주류 대표 승려가 원효다. 신라 10성聖의 한 사람인 원효 대사(617~686)는 속성이 설薛씨이고, 조부 잉피공仍皮公은 6두품(득난得難이라고도 함) 출신이다. 부친은 설담날내말薛談捺乃末이고 모친은 조趙씨다. 지금의 경북

◇◇◇◇◇
* '원광 5계'의 군신君臣·부자父子·붕우朋友의 계율은 유교적 계율이 아니라 『육방예경六方禮經』이라는 초기 경전에 나오는 세속계로서 불교의 핵심 계율 중의 하나다.

경산 압량 불지촌의 북쪽에 있는 밤골 사라수 아래에서 태어났다.

대사의 집은 본래 불지촌 골짜기 서남쪽에 있었다. 산달이 찬 어머니가 마침 이 밤골의 밤나무 아래를 지나다가 산기가 있어 급한 나머지 남편의 두루마기를 밤나무에 걸어놓고 그 안에서 아이를 낳았다. 그렇기 때문에 그 밤나무를 사라수紗羅樹(명주 겉옷을 펼쳐 놓은 나무)라 불렀다.

전해오는 얘기가 있다. 어떤 절의 주지가 절의 한 종에게 하룻저녁 끼니로 밤 두 톨씩을 주자 종이 끼니의 양으로는 너무 적다고 불평하였다. 그런데도 주지가 계속 두 톨을 주니 종이 관아에 소송을 걸었다. 관리가 밤을 가져오게 하여 조사해 보니 밤 한 톨이 발우에 반쯤 찰 정도로 커서 도리어 한 톨씩만 주라고 판결하였다. 그때부터 이 골짜기를 밤골이라 부르게 되었다고 한다.

여기에서 나는 밤이 사라 밤으로 밤톨이 유난히 컸다. 원효가 출가하고 자신이 살던 집을 초개사初開寺라 이름 짓고 밤골 밤나무 옆에도 절을 세우고 절 이름을 사라사라고 했다

원효의 어릴 때 이름은 서당誓幢이고 또 다른 이름은 신당新幢이었다. 어머니가 별똥별이 품속으로 들어오는 태몽을

꾸고 원효를 낳았다. 원효는 어릴 때부터 주위 아이들보다 워낙 뛰어난 재주를 보였으므로 진골에 버금가는 득난 계급에 있던 부친과 조부는 원효가 화랑으로 활동하게 하였다.

화랑 원효가 방방곡곡 심산유곡으로 다니며 심신을 닦고 있던 15세 때 어머니가 돌아가셨다. 이 일을 계기로 삶과 죽음에 대해 깊은 고민을 하다가 집안의 반대를 무릅쓰고 출가를 결행했다.

원효는 나면서부터 총명하고 품은 뜻이 커서 스승을 따라 배움을 얻지 않았다고 한다. 그렇지만 35세 때 당나라의 고승 현장玄奘(602~664)과 그의 제자 규기窺基(632~682, 법상종조, 자은 대사로도 불림.)에게 수학하고자 도반인 의상과 유학을 떠났다. 그러나 압록강을 건너 요동에서 국경 수비병에게 첩자로 의심받아 수십 일을 고생하다가 겨우 풀려나 첫 번째 유학에 실패한다.

또 다른 기록에는 고구려에서 망명 온 승려 보덕普德(열반종 선사)을 스승으로 모셨다는 설이 있고, 당에서 유학하고 귀국한 자장慈藏 율사에게 수학했다는 이야기도 있음을 보아 스승을 따르지 않았다고 함은 과장된 것이라 여겨진다.

당 유학에 실패한 원효가 분황사 등지에서 생활을 하는 중에도 거리로 뛰쳐나와 춤추고 노래하며 민중들과 어울려 절간 생활과 어울리지 않은 짓을 자주 하였다.

어느 날 원효가 "수허몰가부誰許沒柯斧* 아작지천주我斫支
天柱**, 누가 내게 자루 없는 도끼를 줄까? 내가 하늘을 떠
받칠 기둥을 베리라."라는 노래를 부르며 저자를 돌아다녔
다. 아무도 노래의 의미를 몰랐다. 이때 태종 무열왕이 그
말을 듣고 신하들에게 말했다.

"대사가 부인을 얻어 아이를 낳고 싶어 하는 것 같네. 현
인이 탄생하여 나라에 큰 이로움이 있을 거야."

때마침 무열왕에게는 남편이 백제와의 전투에서 전사하
여 요석궁에서 홀로 지내는 딸 요석 공주가 있었다. 왕은
궁인을 시켜 대사를 불러오게 하였다. 궁인이 원효를 찾아
보니 이미 남산을 거쳐 문천 개울 다리를 지나고 있었다.
그때 궁인은 원효를 만나자 일부러 개울물에 밀어 빠뜨려
가사가 흠뻑 젖게 하였다. 옷이 젖은 원효를 요석궁으로 인
도하여 옷을 말리고 그곳에서 하룻밤 머무르게 할 생각이
었다. 왕의 의도대로 얼마 후 공주는 설총薛聰을 낳았다.

설총은 태어나면서부터 지혜롭고 영민하였다. 경서와 역

◇◇◇◇◇
* **몰가부沒柯斧** : 자루 없는 도끼. 여성의 생식기를 상징한다.
** **작지천주斫支天柱** : 하늘을 떠받칠 기둥을 벤다. 즉 나라에 크게 공헌할 인물
을 발굴하다.

사에 통달, 신라의 언어로 사물의 이름을 짓고 육경과 문학에 토를 달고 풀이하는 향찰 언어 이두吏讀를 만들었다. 후일 설총은 신라의 10현 중 한 사람이 되었다.

원효가 불계를 어기고 설총을 낳은 이후부터는 일반 백성의 옷을 입고 스스로 소성 거사小姓居士라 부르면서 불교의 교리를 쉬운 노래로 바꿔 지어 민중들에게 유포시켰다. 이른바 "일체무애인 일도출생사一切無碍人 一道出生死, 모든 것에 거리낌이 없는 사람이라야 단박에 생사를 벗어난다."라는 『화엄경』의 법설을 누구나 알아들을 수 있는 노랫가락으로 만들어 부른 '무애가無碍謌'를 유포시킨 것이다.

또한 누구든지 "나무아미타불 관세음보살"을 외우면 극락세계에 갈 수 있다고 하여 불교를 민중 속으로 깊이 확산시켰고, 누구나 부처가 될 수 있다고 하여 신분 사회의 굴레에서 벗어나게 하는 평등사상으로 위로하고 어루만졌다.

백성들 틈에서 저잣거리를 이리저리 휘젓고 다니며 주막집 술꾼, 광대 심지어 거지까지도 살을 맞대고 비비면서 자신의 깨달음을 전해주었다. 여기저기서 파계승이라는 비난과 질시가 있었지만 가장 쉬운 말로 불교의 이치를 알려주는 원효를 백성들은 열렬히 환호했다.

원효는 30대 후반부터 40대 중반까지 계율에 어긋나는 파계 생활을 하면서 혜공惠空 선사, 대안大安 선사 등 고명하고 자유분방한 스님들과 교류를 하였다. 또한 진리 탐구를 게을리 하지 않고 성골, 진골 등 상류사회 중심의 불교가 점차 하층 민중까지 영역이 넓혀지도록 많은 노력을 기울였다. 파계와 환속이 위대한 포교로 승화된 중요한 계기를 이루었다고 볼 수 있다.

비록 깨달음을 이루었다고는 하지만 원효는 아직도 배울 것이 많다고 생각하여 문무왕 원년(661)에 도반 의상과 10년 전에 실패한 유학의 길을 다시 떠난다.

신라의 항구에서 큰 배를 구해 바다를 건너 당나라로 가려고 하였는데, 떠나자마자 심한 태풍을 만나 중도에 바닷가 산속 토굴에서 비바람을 피해 노숙을 했다. 원효는 밤중에 너무 목이 말라 잠결에 어둠 속을 더듬다가 바가지에 담긴 물을 시원하게 들이켜고 다시 잠이 들었다. 다음 날 아침, 잠에서 깬 원효는 깜짝 놀랐다. 어젯밤 그렇게 달게 마셨던 바가지의 물이 해골에 고인 시커먼 물이었다. 원효는 비릿한 느낌과 구역질이 올라와 토하기 시작했다. 정신없이 토하는 순간 문득 크게 깨달음을 얻었다.

"사물은 그 자체에 깨끗하고 더러움이 없다. 모든 것은 마음에서 일어나는 것, 바가지 물과 해골 물은 둘이 아닌 것을, 삼계는 오직 마음이요 만법은 인식일 뿐 오직 마음 밖에 법이 없는데 어찌 따로 법을 구하랴?(삼계유심 만법유식 심외무법 호용별구三界唯心、萬法唯識 心外無法 胡用別求)"

이에 원효는 의상에게 말했다.

"나는 당나라에 가지 않겠으니 자네만 가시게."

그리고 걸망을 메고 본국으로 돌아왔다.

원효의 나이 45세 때였다. 이때부터 원효는 법석의 강설과 저술에 매진하여 그가 취급한 경론은 화엄·법화·열반·염불·계율·유식 등 수많은 분야에 걸쳐 있었다. 이로써 동양 각국의 불교계에 크게 영향을 미쳤으며, 3백여 권의 많은 저술과 가르침을 남기고 70세에 입적하였다.

아버지가 입적하자 아들이자 대학자였던 설총은 부친의 유골을 분황사에 모시고 조석으로 예불을 올렸다. 현재는 서울 종로구 창신동에 해동종 총무원을 두고 스님을 해동종의 종조로 모시고 예불을 드리고 있다.

【 참조 】
『삼국유사』(원효불기, 의상전교, 사복불언), 일연, 김원중 옮김, 을유문화사.
『한국의 불교』, 이기영, 세종대왕기념사업회, 1974.
『원효』, 이기영, 한국정신문화연구원, 1985.
『역사로 읽는 원효』, 김상현, 고려원, 1994.

2

나옹 선사의 이중 법맥

_물같이 바람같이 살다 간 선승 _

강월헌 나옹懶翁(1320~1376) 선사는 조계종 사굴산파 고
승으로 보조국사 지눌 이후의 선불교를 재흥하였고, 직관
력이 번뜩이는 단시풍의 선시와 염불 가사를 남기신 분이
다.

속성은 아牙씨이고 원래의 이름은 원혜元慧, 법휘는 혜근
彗勤, 나옹은 법호이고 호는 강월헌江月軒이다. 경북 영해 출
신으로 아버지는 선관서령을 지낸 아서구牙瑞具이고 어머
니는 정鄭씨다.

20세에 문경 공덕산 대성사 묘적암의 요연了然 선사를

찾아 출가한 후 24세에 회암사 석옹 화상에게서 오도송*
을 받았다. 1348년 충목왕 4년, 나옹 나이 28세에 원나라
로 건너갔다. 그곳에서 고려인이 건축한 연경 법원사에서
주석하고 있는 인도 승려 지공指空 선사를 참관하여 지도
받았다.

지공은 본래 인도 마가다 국왕의 셋째 왕자였다. 나란타
불교대학을 졸업하고 인도 전역을 순례한 후 중국 원나라
로 건너와 대중을 교화하여 천자의 총애까지 받은 고승이
었다. 1326년 충숙왕 때 금강산 법기 보살에게 향 공양을
올리기 위해 고려에 들어와 1328년까지 금강산·개경·인
천·양산 등을 방문하였다. 대처승이 절반일 정도로 세속
화되어 있던 고려 불교계에 티베트 불교의 영향으로 신선
한 바람인 선과 계율을 강설하였다.

마지막 해에 양주의 회암사를 방문했을 때 어린 나옹을
만난 인연이 있었다. 지공으로서는 법원사에서 만난 최초
의 고려 유학생이 나옹이었다. 법원사에는 쟁쟁한 고려 스
님들이 많았지만 나옹은 기개가 뛰어났고 배움이 특출했
다. 유학생 나옹을 보고 지공이 물었다.

◇◇◇◇◇
* **오도송** : 깨침의 경지를 나타낸 게송이다.

"학생은 어디서 왔는가?"

"고려에서 왔습니다."

"배로 왔는가? 육로로 왔는가?"

"신통으로 왔습니다."

이에 나옹이 지공 앞에 나서면서 합장하며 어릴 때 받은 보살계첩을 보이자 그제야 오래 전의 인연을 알아보았다. 지공은 나옹에게 법호와 몇 가지 신표를 주어 둘 사이에 깊은 신뢰 관계가 형성되었다. 나옹은 지공 문하에서 3년간 일심으로 정진하였고 그의 명성이 중국의 황제에게까지 알려져 연경의 광제사 주지로 발탁되어 법회를 주장하기도 했다.

그 후에도 나옹은 항주 휴휴암과 정자사에서 수행을 계속한 후 임제종 18대 선맥을 이은 평산 처림平山處林 (1279~1361)을 찾아가서 법을 받았다. 그 뒤 다시 지공을 세 번째 뵙고 법맥도 이어받았다.

이것이 소위 선맥이 다른 처림과 지공의 두 선사의 법맥을 제자 나옹 선사가 한꺼번에 이어받았다는 양처사법兩處嗣法이다.

나옹은 공민왕 7년에 귀국하여 오대산에 머물고 있었는데 당시는 공민왕이 반원反元 정책을 표방하고 신돈辛旽(?

~1371)을 신뢰하며 개혁정책을 펼칠 때였다. 태고 보우도 왕사로 임명되어 활약했으나 신돈의 힘에 밀리고 있어 큰 역할을 못 하고 있었다.

신돈이 백성들의 원성으로 유배, 참살되자 나옹은 공민왕과 황후의 간곡한 요청으로 내전에 들어가 설법을 할 위치까지 되었다. 나옹은 왕명으로 황해도 신광사 주지가 되어 후학을 지도하다가 곧이어 왕사로 봉해지고 송광사와 회암사 주지로 임명되어 불사를 중창한다.

나옹은 유학 중 지공에게서 가르침을 받은 선원의 생활 청규, 선종 가람 배치, 간화선 무자 화두 등 종단의 가람 체계, 총림 운영, 선 수행 법 등을 회암사에 그대로 적용하여 여러 면에서 타락한 불교계에 새로운 선풍을 일으켰다.

공민왕 12년 1363년 연경의 천수사에서 지공 선사가 입적하자 유학승을 통하여 사리를 가져와 회암사에 봉안했다. 나옹은 스승의 부도와 부도비를 세우고 회암사에 4년 간 큰 불사를 일으켰다. 이 기간에 사람들이 나옹의 명성을 듣고 그를 만나기 위해 한양에서 양주까지 줄을 이었다. 그러자 불교가 백성들의 마음을 얻는다고 보아 못마땅하게 생각한 유학자들의 나옹 반대 상소가 끊임없이 이어졌다.

마지막 회암사 낙성 회향을 앞두고 있을 때, 나옹 때문에 백성들이 일손을 멈추고, 길이 막힌다는 이유로 밀양 영원사로 폄적貶謫*되어 낙성 법회를 못 하게 하고 산문을 닫게 했다.

당일로 영원사로 유배를 가던 나옹은 여주 신륵사에 겨우 이르자마자 갑자기 열반하였다. 나옹 열반 후 다비 과정에서 산에서 빛이 크게 비치고 감로비가 내렸으며 신룡神龍이 나타났고 수없이 많은 사리가 나타나는 등의 이적이 일어났다. 이에 나옹의 추모 열기가 전국으로 퍼져 조선 초에는 부처의 후신으로 평가되어 신성시까지 되었다.

나옹의 법맥은 무학 자초(1327~1405)와 득통 기화(1376~1433)에게로 이어졌고 스님 열반 후 신륵사와 회암사에는 스님의 부도와 비석이 세워졌다. 지금 나옹 선사 탑이 국립 박물관에도 있다.

나옹이 황해도 북숭산 신광사에 주석할 즈음은 홍건적이 개경까지 침범해 와서 노략질을 일삼고 있던 때이다. 공민왕이 이들을 피해 남쪽 공주까지 피난을 간 적도 있었다. 나옹은 신광사에 침입한 정찰병 오랑캐들을 불력으로

◇◇◇◇◇

* **폄적** : 벼슬과 품계를 떨어뜨려 멀리 보내는 것이다.

누르고 태연히 참선 지도를 계속하였다. 이에 제자들이, 위험하니 피해야 한다고 해도 혼자서 이 절을 지킬 것이라고 하며 피난 가기를 거부했다.

그때 신인이 나타나서 절을 지켜 줄 것이라고 예언하는 일이 일어났다. 연이어 진군해 온 홍건적의 수뇌는 절 입구에서 나옹의 법력과 신통력에 대한 이야기를 듣고 절 안으로 들어와 스님께 침향 한 조각을 올리고 물러났다.

나옹은 시가와 산문을 응용한 가사로 가장 많은 염불 법문을 남겨 대중들을 교화시켰다. 오늘날 새벽 예불 시간이면 빠짐없이 울려 퍼지는 절간의 발원문이 바로 나옹 선사의 행선축원行禪祝願 발원문이다. 참선하는 사람이 어떤 마음으로 살아야 하고 세계의 평화와 온 생명을 구제하는 데 어떤 마음을 가져야 하는가에 대한 다짐의 소리다.

그는 최초의 가사 작품인 『서왕가西往歌』를 지어 일심 정성으로 염불하여 극락세계에 왕생하기를 도모하였고, 한문 불교 가사인 「완주가翫珠歌」·「고루가枯髏歌」·「백납가白衲歌」를 『나옹화상가송懶翁和尚歌頌』에 수록하여 전법 포교와 마음 수행에 이바지하였다. 그의 저술로 『나옹화상 어록』이 있다.

『가사 문학 총람』에 실려 사람들에게 즐겨 회자되는 선사의 유명한 가사 한 수를 읊어 보자.

청산혜 요아이무언 青山兮 要我以無言
창공혜 청오활무진 蒼空兮 請吾活無塵
해탈탐욕 탈거진 解脫貪慾 脫去嗔
여수약풍 거귀천 如水若風 居歸天

청산은 날 보고 말없이 살라 하고
창공은 날 보고 티 없이 살라 하네.
탐욕도 벗어 놓고 성냄도 벗어 놓고
물같이 바람같이 살다가 가라 하네.

참고로 오늘날 조계종의 원류는 환암 혼수幻庵混修 스님
이 초조 태고 보우太古普愚 대사의 법제자로 된 것을 종맥
으로 삼고 있다. 그런데 나옹이 오대산 고운암에 주석할
때 입실을 받은 제자가 혼수다. 또 공민왕이 불교 개혁을
발의하여 이를 집행하는 공부선功夫選을 주관한 스님이 나
옹 선사고 그 선발에 유일한 합격자가 혼수였다.

이러한 측면을 보면 혼수는 태고 보우 대사의 사법 제자
이전에 나옹의 사법 제자라고 할 수도 있다. 현재의 조계

종이 혼수의 맥을 이어오고 있으므로 보우가 아닌 나옹으로 사법 맥을 삼는다면 그는 한국 불교의 원류가 되는 조사이기도 하여 일부 학자들은 조계의 불맥을 다르게 해석하기도 하여 논란이 되고 있다.

【 참조 】
『한국 선불교의 원류 지공과 나옹 연구』, 자현 스님, 불광출판사.

3

마하 가섭 존자, 제2대 불조

_ 삼처전심三處傳心의 전등 비사 _

마하 가섭摩訶迦葉은 세존의 10대 제자 중의 한 사람으로 2대 불조이고, 두타 제일 가섭 존자라 부른다.

가섭 존자는 인도 왕사성의 거부 가류타이迦留陀夷의 아들로서, 아버지는 마갈 사람이고 브라만 출신이며 어머니는 굽다笈多이다. 어릴 때부터 총명했던 가섭은 학식과 덕망도 두루 갖추었으나 종교적 정서가 강해 널리 보시하기 좋아했고 부모님이 돌아가시면 반드시 출가하여 외도를 닦으려고 마음을 정하고 있었다.

어릴 때 어느 관상가가 "이 아이는 세상일을 탐탁히 여기지 않아 반드시 출가해 무학과*를 얻을 것이다."라고 하였기 때문에 부모는 일찍부터 아들을 결혼시키려고 하였다.

가섭은 나이가 들어감에 따라 부모님의 강한 요구를 저버리기가 어려워 한 가지 꾀를 생각해 냈다. 아름다운 여인상을 순금 조각하여 그 조각상과 같은 여인이면 결혼하겠다는 조건부 결혼을 주장한 것이다. 그러자 어머님은 전국에 수소문을 하여 조각상과 똑같은 아름다운 여인 밧다 카필라나(밧다)를 찾아내어 두 사람을 결혼시켰다.

일설에는 가섭이 결혼하지 않겠다는 뜻을 서신으로 밧다에게 전하자 밧다 역시 가섭의 뜻을 존중한다는 답신을 보냈는데 심부름꾼들이 각자의 편지 내용을 고쳐 전해주는 바람에 결혼이 이루어졌다고도 한다. 여하간 두 사람은 결혼은 하였으나 서로의 의사를 존중하여 가까이하지 않고, 부모님이 돌아가신 후 어릴 때부터의 꿈인 출가를 이루게 되었다.

붓다 좌우에는 본래 사리자와 목건련이 상수 제자로 돕고 있었다. 그러나 나이가 붓다와 비슷했던 사리자와 목건련이 먼저 죽자, 붓다는 가섭을 자신의 정법을 이을 후계

◇◇◇◇◇

* **무학과無學果** : 아라한과를 말한다.

로 점지하고 있었다. 그것은 선종 불교에서 마음을 전하여
오는 암묵적인 후계자 발표 표지인 삼처전심의 일화에서
잘 보인다.

첫 번째, 다자탑전 분반좌多子塔前分半座 일화이다.

가섭은 부모님이 돌아가시자 아내와 협의하여 부친의
재산을 정리한 후 출가를 실행에 옮겼다. 3년이 넘도록 선
지식을 찾아 인도 여러 곳을 안 가 본 데가 없을 정도였다.
마침내 집에서 입고 온 비단옷 자락이 바랠 정도가 되었을
때, 사위국 바이살리에 도착했다.

그때 붓다가 바이살리 서북쪽의 고요한 숲속 다자탑 앞
에서 꿀벌 공양으로 기력을 회복하고 설법하고 계셨는데
때마침 가섭이 들른 것이다. 붓다를 처음 뵌 가섭은 순간
'이분을 두고는 달리 내가 귀의할 스승은 없다.'라고 생각했
다. 그리고 붓다가 입고 있는 분소의가 너무 낡게 보여 자
신이 평소에 가지고 다니던 비단 겉옷을 붓다께 드리며 갈
아입으시기를 권했다. 붓다는 가섭의 비단옷을 받아 입지
않고 앉은 자리에 길게 깔고 앉으셨다.

그때 그 자리에 가섭이 길게 자란 수염과 헝클어진 머리
카락의 누더기 차림새로 참석하려 하자 다른 제자들이 앉
을 자리가 부족하다며 쫓아내려고 하였다. 이를 본 붓다는

가섭을 불러 세우며 오히려 자신이 깔고 앉아 있던 자리의 반만큼을 가섭에게 내주고 앉게 했다. 이것을 두고 붓다와 가섭 사이의 "다자탑전분반좌"라 한다.

이는 『아함경』, 『중본경』, 『대가섭품』과 『불본집행경』 권 45~47, 『선문염송』 등에 나오는 이야기다. 이 자리에서 당시 배화교도였던 가섭은 아라한과를 얻었다.

지금까지 초기 교단 형성의 여러 가지 어려움 속에서도 사리자와 목건련이 곁에 있어 많은 도움을 받았지만, 그들이 늙어 고향으로 돌아간 후 허전해졌던 붓다의 마음이 가섭을 만나 조금이나마 채워지고 새로이 통하는 마음이 생기는 인연의 순간이었다.

두 번째는 염화미소(拈花微笑, 연꽃을 집어 드니 미소 짓다.)이다. 붓다께서 영축산의 기원정사에 계실 때 하늘에 있던 범천왕이 붓다께 설법을 청하며 연꽃을 바쳤다. 붓다가 설법하기 위하여 대중 속으로 들어가며 그 연꽃 한 송이를 들어 보였다. 모여 있던 대중과 제자들이 그 의미를 알지 못하고 의아해하는 가운데 가섭이 홀로 그 의미를 헤아리고 빙긋이 웃었다. 이것이 영산회상거염화靈山會上擧拈花, 흔히 염화미소拈花微笑로 알려진, 붓다의 말씀이 마음에서 마음으로 전해지는 선의 전승 가운데 가장 많이 회자하는 이야기다.

붓다는 왜 바라화파波羅華杷(연꽃의 일종)를 대중에게 들어 보였으며 가섭은 왜 미소를 지었을까? 연꽃은 시궁창 같은 진흙 속에 자라서 꽃을 피우는데 그 꽃은 아름답고 깨끗하기 그지없다. 붓다는 시궁창같이 혼탁하고 어지러운 세상에서 인간은 깨달음으로 부처가 될 수 있다는 만고의 진리를 연꽃으로 비유하여 들어 보일 뿐 말씀이 없었다. 가섭만이 몸과 마음이 하나가 되어 그 뜻을 알고 미소를 지은 것이다.

『대범천왕문불결의경大梵天王問佛決疑經』에서 "나(붓다)는 때가 되면 보이려고 깊이 간직한 법이 있다. 실상은 상이 없음이 진실이다. 이 미묘한 법문은 글이나 말로 표현하고 전하기 어려우므로 따로 전하며 이를 가섭에게 부탁하여 위탁시킨다."라고 자신의 마음을 간접적으로 표현하고 있다. 경전의 가르침과는 다른 형태로도 붓다의 법이 존재할 수 있고, 언어를 문자로 기록한 경전의 절대적인 가치를 부여할 필요는 없다는 것을 가르쳐 주는 대목이다.

세 번째는 곽시쌍부槨示雙趺 이야기다.

붓다가 구시나가라 성 밖 서쪽의 강가 보리수 밑에서 최후의 가르침을 남기시고 고요한 밤중에 열반하셨다. 그때

가섭은 500명의 대중을 거느리고 파파성婆婆城 지역에서 전도하고 있었다. 가섭이 어느 날 시든 만다라 꽃을 들고 있는 외도 사문을 만났다. 가섭은 그 꽃이 이레 전 붓다 입멸 다비식에 쓰던 것이라고 하는 말을 들었다. 그제야 붓다가 열반에 드신 것을 알고 놀라서 구시나가라 성으로 달려갔다.

그러나 이미 붓다의 시신은 입관식이 진행되고 있었다. 장례 행사를 주관하는 아난에게 열반하신 모습을 보여 달라고 세 번이나 애원하였으나 이미 입관된 상태이므로 안 된다는 통보를 받았다. 할 수 없이 가섭은 다비용 장작더미 위에 모셔 놓은 붓다의 관 밑에 엎드려 늦게 왔음을 사죄하며 관 주위를 세 번 돌고 예배드렸다. 그 순간 관 밑의 뚜껑이 열리며 붓다의 한쪽 발이 관 밖으로 나왔다. 이 모습이 『사분율』 권54에 실려 있다.

위에서 보이는 붓다의 마음을 전하는 삼처전심三處傳心의 세 가지 일화는 교외별전敎外別傳이라고 하는 선지禪旨가 되어 붓다의 가르침이 말이나 글로만 전해지는 것이 아니라는 불교의 전등傳燈 방편을 보여주는 것이기도 하고, 선종 불맥 전등사의 효시가 되고 있다.

상수 제자였던 사리자와 목건련이 귀향 후, 가섭은 붓다

바로 곁에서 입멸하실 때까지 상수 제자의 역할을 맡았으나 그렇게 큰 행적은 보이지 않는다. 다만 붓다의 10대 제자 중 최고의 금수저 출신이었던 분이 청정 생활 규범인 '두타 제일의 행'을 여생 동안 실행한 것을 보면 그의 종교적 신념이 얼마나 철저했는가를 미루어 짐작할 수가 있다.

두타행頭陀行이란 승려들이 수행하는 방법에서, 의식주에 대한 집착을 떨쳐 버리고 무소유의 청정 생활을 하는 심신 수행 규칙을 말한다. 일반적으로 12두타행 규칙을 말하는데 그 내용은 아래와 같다.

1. 마을에서 떨어진 숲에서 생활한다.
2. 항시 탁발 걸식으로 생활한다.
3. 빈부를 가리지 않고 차례대로 걸식 공양을 받는다.
4. 하루 한 끼만 식사한다.
5. 많이 먹지 않고 식량을 절약한다.
6. 중식 이후에는 음료나 당류를 마시지 않는다.
7. 헌 옷을 기워 입는다.
8. 옷은 단삼의(상의, 하의, 중의)만 가진다.
9. 무상관을 닦기 위해 무덤 곁에서 잠잔다.
10. 쉴 때는 나무 밑에서 휴식한다.

11. (나무 아래는) 습기나 독충의 피해가 있으므로 노지
    에 앉아 지낸다.
12. 언제나 앉아 있고 눕지 않는다.

붓다가 왕사성 죽림정사에서 자신보다 10여 세나 나이
가 많은 가섭을 보고 말하였다.

"존자는 나이도 많고 노쇠하여 기력이 젊은이보다는 못
하니 지금부터 두타행을 중단하고 여러 장자의 공양물과
가사로 지내는 것이 어떠한가?"

그러자 가섭이 말했다.

"스승의 말씀에 따르지 못하겠습니다. 이제 와서 두타행
을 버리고 다른 행을 배울 수는 없습니다."

붓다는 그의 수행력을 높이 기려 다음과 같이 말씀하셨
다.

"훌륭하다, 가섭이여! 두타행이 세상에 남아 있는 한, 나
의 법 또한 오래 남아 있을 것이다."

그리고 모여 있던 수행 비구들에게 가섭의 두타행에 대
하여 다음과 같이 말씀하셨다.

"모든 비구는 열심히 수행하되 가섭이 익혔던 것처럼 해
야 하느니라."

붓다 당시 교단은 발전을 거듭했지만, 그 내면에서는 불법을 빙자한 외도의 부도덕한 행위와 나태한 수행자들로 인해 많은 문제점이 제기되고 있었다. 그러한 가운데에 수행자로서 최고의 모범이 되는 가섭의 청정하고 올곧은 수범은 붓다께 무한의 신뢰가 솟아나게 하였다. 이는 가섭의 두타행을 장려하고, '붓다의 마음'을 그에게 물려준 계기가 된 것이 아닌가 한다.

4

유마 거사의 절대 침묵

_ 석굴암의 사상적 배경 _

경주 토함산 중턱의 석굴암 본존불 뒤편 천정의 맨 아랫부분에는 10개의 감실龕室*이 있다. 그중 한 곳에 『유마경』의 주인공인 유마 거사維摩居士가 머리에 수건을 말아 얹은 듯이 두건을 쓴 채 도포 같은 옷을 입고 앉아 있다.

고통을 참으며 몸을 약간 잎으로 내밀어 팔걸이에 비스듬히 기대고 앉았는데 누구와 대화하는 듯한 자세다. 얼굴 모습은 특별한 것이 없는 보통 사람의 모습 그대로다.

<><><><><>

* **감실龕室** : 불상이나 신주 등을 봉안하는 상자 모양의 건축물을 말한다.

바로 아래 면의 문수보살은 머리 뒤에 배광을 두르고 머리에 보관을 쓰고 날아갈 듯한 천의(天衣, 하늘 사람이 입는 옷) 자락이 다리까지 흘러내리면서 연화대에 한 발을 딛고 서서 본존을 향하여 오른손으로 찻잔을 바치는 모습이다.

『유마경』에서 문수보살은 붓다의 하명으로 문병 와서 불이법문不二法門 대화로 유마의 절대 침묵에 한방 맞는 모습인 것에 비하여 석굴암 조각상에서는 정반대의 모습이다.

김대성이 불국사와 석굴암 조성 공사를 할 때 본존 여래의 양 옆 보살들과 10대 제자를 선정한 후 누구를 주위에 둘까를 정하기 위해 오랫동안 고심했을 것이다.

여기에 선택된 인물이 부와 명성, 행적과 설법에 뛰어난 유마 거사로서 석가부처님이 살아계실 때 그를 재가 법사 제1호로 호칭했던 인물이다.

아마도 1,300여 년 전에 김대성은 유마의 사상과 삶이, 혼탁한 세상에서 비참하게 살아가는 중생들을 마음으로 껴안으려 하는 대승불교의 핵심 사상과 부합함을 찾아낸 것으로 생각된다.

한용운 스님이 여러 불교 관계 저작을 발표하였는데 비록 완성된 번역은 아니었지만, 불경 번역본은 『유마경』이

유일하다. 불교 혁신과 불교 대중화에 많은 힘을 기울인 한용운이 유마 거사의 신앙심, 자비 정신과 무소유의 삶을 깊이 이해하고 있었기 때문에 불경 중에서 『유마경』을 선정하고 번역 작업을 한 것이 아니었을까 생각한다.

유마 거사의 본명은 비말라키르티Vimalakirti이다. '비말라'는 '청정하다'는 뜻이고 '키르티'는 '이름'이라는 뜻이다. 그러므로 비말라키르티는 정명淨名(청정한 이름) 또는 무구칭無垢稱(때 없음)이라 한역되고 청정무구하게 불린다고 하여 유마힐維摩詰이라고도 한역된다. 『유마경』의 원명은 『유마힐소설경維摩詰所說經』이다. 『불가사의해탈경不可思議解脫經』, 『설무구칭경說無垢稱經』이라고도 한다.

거사는 고대 인도 갠지스강 북쪽 바이살리에 살던 부유한 재가 신자다. 8개 종족이 맺은 왓지 동맹의 수도인 바이살리는 교통의 요지로서 화폐경제가 발달하고 진취적이며 자유롭고 활력이 넘치는 도시였다. 유마가 자유롭고 진취적이며 비판적 정신의 소유자로서 보수주의적 교단에 진보적 새바람을 일으켰던 것은 그가 이 도시와 당시의 시대적 분위기와 궤를 같이하였기 때문일 것으로 보인다.

그는 불교의 진수를 터득하고 가난한 사람들을 지성으로 돕고 승려를 받들었다. 그렇기 때문에 그 명성이 왕궁과 귀족, 외도들과 심지어 도박판과 창녀촌에 이르기까지 나라 전체에 널리 퍼져 있었다.

그는 세속적으로 모든 면에서 거의 완벽한 사람이었고 법설에서도 부처와 비견될 정도의 설법가였다. 부·명예·지혜·덕·화술·자비 등 인간이 갖출 수 있는 것은 다 갖춘 고매한 인물이어서 겉모습은 거사이나 내면의 모습은 부처와 같다고 하여 유마를 법신대사法身大師*로 부르기도 했다.

그런 그가 병을 얻어 몸져누웠다. 유마는 평시에 자신의 병을 사람들에게 드러내 보이고 사람들이 문병을 오면 그들에게 설법하였다. 그리고 다시 설법의 내용을 묻고 답해 줌으로써 대중들에게 공관空觀의 대승불교를 가르치곤 하였다. 이 소식을 듣고 붓다가 10대 제자와 보살들에게 문병하기를 권했다.

목건련과 마하가섭, 성문 제자들은 물론이고 미륵 등의 대성보살들도 예전에 모두가 저마다 유마에게 수행과 설법 등에 관하여 한마디씩 핀잔을 받아 본 적이 있었다. 그러므로 모두 감당할 수 없다며 고개를 흔들고 문병하기를

◇◇◇◇◇

* **법신대사法身大師** : 법신의 부처가 중생 교화를 위해 보살로 바꿔 태어난 큰 스님을 뜻한다.

꺼렸다.

유마가 비록 세속의 신자이지만 대승의 가르침에 대하여 크게 깨우쳤으므로 10대 제자들을 아이들 다루듯이 하고 있었다. 그랬기 때문에 두렵기도 하고 괘씸하기도 하여 제자들은 그를 멀리하려는 마음을 평소부터 가지고 있었다.

이를 눈치 채고 계시는 부처님이 명령으로 문수를 지목하자 문수는 마지못해 법자재 보살과 덕수 보살 등 보살 32명과 함께 문병을 갈 수밖에 없었다. 문수보살이 수행인들과 유마가 누워 있는 방장方丈을 찾아 문병하였다.

유마가 누워 있는 방을 방장이라 한다. 세간도 없는 사방 3.3m의 넓지도 않고 간소한 방에 인도 최고 부자인 유마가 누워 있었다. 오늘날 사찰의 최고 어른이나 주지의 방을 방장이라고 함은 여기 유마의 방에서 유래된 말이다.

이 좁은 방장에 문수 일행과 함께 들른 사리자가 앉을 의자를 찾으려고 두리번거리자, 유마가 문병하러 온 승려의 수만큼 의자를 진설하며 사리자와 승려들에게 앉으라고 권하는 신통을 보였다. 문수가 방장에 들어서며 붓다의 마음을 간곡히 전하고 당신의 병세와 병의 원인도 물으며 문병했다.

유마가 말했다.

"인간은 무명과 어리석은 욕망 때문에 병에 걸립니다. 나 또한 그렇습니다. 보살은 중생을 위해 생사를 넘나듭니다. 생사가 있으면 병이 있는 법이요, 중생이 병이 없어지면 내 병도 나을 것입니다."

이는 중생과 고통을 함께하는 보살의 참모습을 표현한 것이다. 보살의 병은 보살의 자비 때문에 생기기도 하고 없어지기도 하는 것으로서, 이에 따라 보살은 자비의 실천을 최고의 덕목으로 해야 함을 설법한 것이다.

이어 다음에는 유마가 문수 일행에게 물었다.

"불이법문不二法門에 들어간다고 함은 어떤 뜻입니까?"

이는 실상의 진리가 무엇인가 하는 질문이다. 이 질문에 우선 따라온 제자들이 자신들이 겪은 경험치에서 대답하기 시작했다. 법자재 보살이 먼저 나서서 말했다.

"나고 죽는 것은 서로 대립하는 두 개의 다른 것입니다. 하지만 존재한 법은 본래 태어난 것이 아니므로 없어지지도 않습니다. 이처럼 무생법인無生法忍을 얻는 것이 불이법문에 드는 것이 아니겠습니까?"

이와 같은 첫 문답이 있고 난 뒤 많은 보살이 차례로 불이법문에 드는 사례를 들어 답했다. 오래도록 여러 대답을 들은 후 문수가 마지막으로 종합하여 말하였다.

"제 생각으로는 모든 법은 말하려고 해도 말할 수가 없고(무언無言), 알려고 해도 알 수 없으며(무식無識), 아무것도 설함이 없이(무설無說) 떠나는 것이 절대평등에 드는 길입니다. 그러나 이러한 방법도 말인 까닭에 궁극적인 것이 될 수 없지 않겠습니까?"

그리고 이번에는 유마에게 반문했다.

"거사님, 입불이법문에 대한 거사의 생각은 어떠합니까?"

그 물음에 유마는 침묵했다.

이것은 개념으로 의미를 규정하는 모든 말들은 아무런 의미가 없음을 알려주는 불교사에 길이 빛나는 "유마의 절대 침묵(묵연默然)" 법문이다.

이 장면을 서산 대사는 그의 『선가귀감』에서 "눈은 스스로 볼 수가 없다. 눈이 제 눈을 본다면 거짓이다(안불자견 견안자망야眼不自見 見眼者妄也). 그러므로 묘수妙首 보살*은 생각으로 따졌는데 정명 거사淨名는 말이 없었다."라고 묘사했다.

출가나 재가와 같은 이분법적인 구분으로는 궁극의 깨달음을 얻을 수 없고, 번뇌와 보리가 둘이 아니고, 부처와

◇◇◇◇◇
* **묘수 보살** : 문수보살의 다른 이름이다.

중생이 둘이 아니며, 정토와 예토가 둘이 아니라는 상대적 차별성은 진리가 아니라는 불이不二사상을 말한 것이다.

이 관문을 통해 절대평등의 경지에 들어가야만, 깨달음을 이룰 수 있는 것이다.

실상의 진리(법法)는 형상도 없고, 생각할 수도 없으며, 말할 수도 없는 공空의 경지다. 공의 속성이 무無이고, 만병의 근원이 집착임을 깨닫게 하는 침묵이다. 궁극적 깨달음은 언어나 문자를 초월한 것임을 알려주는 최고의 가르침이고, 절대적 대화다.

유마와 문수보살이 주인공이 되어 서로 주고받은 핵심 문답 내용이 바로 『유마경』인데 그 내용을 네 가지로 요약하면 첫 번째는 우리가 사는 현실의 국토가 불국토(정토)라는 것이다. 정토라는 것은 유마가 실현코자 하는 보살의 실천 정신 속에 이미 내재되어 있으므로 현실 국토가 바로 정토라 할 수 있다.

비록 그는 현실과 몸으로 부대끼며 살아가는 재가보살이지만 마음은 이미 부처였다. 고통 받는 중생들의 삶으로 몸소 들어가 그들을 지혜와 자비로 위무하고 각성시켜 우리가 비비고 사는 바로 이 진흙 연못 즉 현실 속에서 부처의 법을 실현해 불국토를 구현하자는 것이다.

두 번째는 자비 정신을 가져야 한다는 것이다.

"뭇 생명이 아프므로 나도 아프다. 보살이 병든 것은 큰 자비심 때문이다."라고 유마는 말한다. 대비란 타인을 가련히 여기는 개인의 마음 움직임이다.

거사는 붓다의 대자대비한 마음이 자신을 중생의 고통 속으로 몰아넣는다고 말하고 있다. 고통 받는 대중 속으로 들어가 그들을 위무하는 것이 보살의 할 일이라고 본 것이다.

번뇌와 욕심으로 가득 찬 사람의 고통에서 자신의 고통을 읽고 있고, 아픈 마음으로 중생의 고뇌를 대면하고 있다. 보살은 연약하고 병든 중생들을 자비의 정신으로 돌보아야 세상의 병이 없어질 수 있다고 하여 보살들에게 자비 실천을 강조하는 것이다.

그런 의미에서 대중들의 삶의 현장은 바로 보살의 실천 도량인 셈이다. 보살들은 이 생사의 도량에서 자신은 물론 중생들의 열반을 실현하기 위해 번뇌하며 자비심을 가지고 여래의 자비 종자를 뿌려 나가야 한다고 역설한다.

세 번째로 평등의 불이 사상을 강조한다.

궁극의 진리는 형상이 없고 생각할 수도 없으며, 또 말할 수도, 문자로 적어 낼 수도 없는 공의 경지임을 설한 것이다. 상대적 차별성은 진리가 아니다. 그 진리가 아닌 것에 매달리면 깨달음을 이룰 수 없고 우리는 부처가 될 수가 없다.

오늘날 이 사회의 대립되는 주제인 신자와 비신자, 남자와 여자, 평등과 격차, 부자와 가난뱅이, 사용자와 노동자 등의 그 뿌리를 더듬어 보면 완전히 차별된 것이 아니고 서로의 집착이 있기 때문이 아닐까?

유마는 모든 중생에게 깨달음의 가능성이 있음을 말하여 자기 수행 중심의 소승적 입장에서 벗어나고 있다. 고통과 악행 속의 중생들도 번뇌 가운데서 궁극의 깨달음으로 열반할 수 있다는 혁신적인 불법의 견해를 밝힘으로써 초기 불교 시기에 이미 대승적 이론의 실마리를 『유마경』에서 열어 보이고 있는 것이다.

유마 거사는 초기 경전에서는 보이지 않고 대승 경전에서만 보인다. 그래서 실제 인물이 아니라 초기 경전에 많이 나오는 마가다국의 기타 장자(칫타라고도 한다)를 모델로 한 상상의 인물이라는 이야기도 있다. 그러나 대승불교에서는 그의 실존과 경전 저작을 의심하지 않는다.

참고로 칫다 장자는 마하마나 존자의 설법을 듣고 아나

함과를 성취하여 성인의 지위에 오른 분이다. 그는 설법과 논리에 뛰어났고 부처님은 그를 재가 법사 제1호로 호칭하였다. 자신 소유의 마치카산다의 망고 숲을 승단에 보시하여 강당으로 사용하도록 한 엄청난 부호였다.

『대방등대집월장경大方等大集月藏經』에서는 과거세 31겁 전에 비사부여래가 세상에 왔을 때 석가모니 부처의 형제였다고 하였다.

한 번뿐인 생애, 석굴암 감실 속의 유마 거사처럼 이 고뇌에 찬 세상에서 자비의 실천을 생애의 목표로 삼고 살아가는 것이 참된 열반의 삶이 아닐까 자문해 본다.

【 참조 】
《위키백과》, 유마거사.
『한국 정신문화의 3가지 DNA』, 허상녕, 에드북스, 2011.

5

달마 대사의 면벽 9년

_ 동방에 펼쳐진 선사상禪思想 _

인터넷 쇼핑과 신문광고, 인사동 거리 유명 관광 쇼핑가 등에서 우리는 카리스마 넘치는 달마 그림을 많이 접한다. 불법을 전하기 위해 모진 풍랑을 겪으며 천축에서 동방으로 온 달마대사를 화폭에 담아 수맥 차단의 도구나 벽사 부적으로 전락시켜 상품화시키고 있기 때문이다. 화가의 마음이 그에게 얼마나 다가갔는지가 문제이지 달마도는 누구나 그리거나 조각해서 판매할 수 있는 것이 현실이다. 그러나 아무것도 구하지 않는 무소유행을 실천한 대사의 삶을 부정하여 사고파는 행위는 어떤 명분에도 불구하고 비난받아야 하지 않을까 생각된다.

교외별전敎外別傳 경전 이외에 별도로 전하는 가르침은
불립문자不立文字 말과 글로는 세울 수 없고
직지인심直指人心 마음을 곧바로 보아서
견성성불見性成佛 본성을 보면 부처가 된다.

이것은 유명한 달마의 사구게四句偈로 달마가 불교의 본질을 읊은 것이다.

마조 도일(709~788)에게 제자 수조가 찾아와 물었다.

"달마가 서쪽에서 온 이유가 무엇입니까?"

불교의 근본 원리가 무엇인가를 묻는 질문이다. 마조는 수조에게 자신한테 절을 하게 하고는 몸을 숙인 제자의 무릎을 사정없이 밟아버렸다. 이때 아픔에 몸부림치던 제자가 갑자기 손뼉을 치고 크게 깨달음을 얻었다. 그는 스승에게 예를 갖추고 절을 떠났다. 나중에 주지가 되어 절의 승려에게 말했다.

"놀랍고 놀랍다! 수백 수천의 삼매와 무한하고 묘한 이치가 깃털 하나(마음)에 그 뿌리를 두고 있네."

이 선문답에서 보듯 달마는 사람들이 마음을 찾으면 누

구나 부처가 될 수 있다는 가르침으로 동방에서 새로운 불교의 길을 연 위대한 스승이다.

달마는 범어 보디다르마Bodhidharma의 약칭으로 법法·진리眞理·본체本體·궤범軌範·이법理法 등의 뜻이다. 달마 대사의 실존 여부는 역사 속에서 다양하게 확인되지만 더불어 설화적 요소도 적지 않다. 우선 여러 문헌적 출처를 알아본다.

우선 달마와 같은 시대에 살았던 북위의 양현지楊衒之가 547년에 지은 『낙양가람기』에 "서역에서 온 보리달마라는 사문이 있다. 그는 페르시아 태생의 호인胡人이다. 멀리 변경에서 중국에 막 도착하여 우리나라 여러 곳을 유람했다. 스스로 150살로 칭하며 여러 나라를 두루 다니며 가보지 않은 곳이 없다."라고 했다.

당나라 초기 남산 율종 종조인 도선道宣(596~667)의 『속고승전』에 달마는 서쪽 남인도의 향지국 왕의 셋째 아들로서 면벽관面壁觀을 수행하는 선종의 인물로 묘사되어 있고, 송의 변경인 남월에 도착하여 그 뒤에 북쪽으로 가서 위나라에 이르렀다고 되어 있다.

일연의 『삼국유사』 권3 「홍법」 '아도'에 관한 기록에서도 "…양나라 사람이 달마를 가리켜 벽안호碧眼胡라 하고…."

라는 기록이 보인다.

1930년 중국 하북의 원부사元符寺, 하남의 소림사小林寺
와 하남 웅이산熊耳山에서 보리달마 비석이 하나씩 출토되
었는데 조사 결과 그 3개의 보리달마 비석의 내용이 거의
일치했다. 달마의 선법과 공업을 찬양했고 '양 무제 찬술'
이라고 각인되어 있었다.

위의 역사적, 고고학적 여러 실존 사실에 기초하여 살아
있는 달마의 행적을 따라가 본다.

달마(?~536)는 천축의 향지국香至國 왕의 셋째 아들로서
일찍 출가하여 불맥 제27조 반야다라般若多羅에게 불법을
배워 대승법을 계승하였고, 스승의 하명을 받아 선법을 펼
치고자 중국으로 왔다.

그가 도착한 중국은 남북조시대의 한가운데에서 제齊나
라의 옹주 자사였던 소연蕭衍이 제나라를 타도하고 양梁의
무제武帝(재위 502~549)로 등극한 혼란의 시대였다. 양의 문
화는 송나라와 제나라의 문화를 흠모하여 귀족문화적 색
채가 강하였고, 미의식을 존중하여 섬세하고 기교주의에
강해 약간의 퇴폐적 색채를 띠고 있었다. 본래 소연 본인
은 물론 형제들이 뛰어난 문인이었고 귀족적 자부심이 강
하고, 불교에 깊이 심취해 대승사상을 통치행위로까지 비

약하게 한 보살계 황제였다.

그는 수도 건강(남경)에 손수 건축한 동태사同泰寺에 네 차례나 사신공양*을 실행할 정도로 불교에 몰입해 있었다. 도성 주변에 500여 개의 사원이 있었음에도 200여 개의 사찰을 더 건축하였으며 고기를 먹지 않았고 종묘 제사에도 고기 대신 채소로 교체시킬 정도로 불교에 광적인 황제였다.

인도에서 유명한 승려가 광동에 와서 선사상을 남조 사회에 펼치고 있다는 소문은 수도 건강에까지 알려졌다. 마침내 522년 9월 21일 달마가 불교에 깊은 관심을 가진 황제의 부르심으로 궁궐에 도착, 융숭한 대접을 받고 황제를 대면한다. 무제는 고명한 스님에게 불교에 대한 자신의 지식과 사찰 건축 치적을 자랑하고 칭찬을 받고 싶은 마음을 이기지 못하여 들뜬 기분으로 그에게 묻는다.

"짐이 1,000개의 사찰을 짓고 1,000개의 탑을 쌓았으며 2만여 명의 스님을 공양했는데 그 공덕의 크기가 얼마나 되오?"

달마가 답했다.

◇◇◇◇◇

* **사신공양** : 자신의 몸을 절에 공양으로 바치는 것으로 보시재계 수행을 말한다.

"공덕이 없습니다."

천하제일의 공덕자라고 불릴 줄 알고 그 대답을 기다리고 있는데 이게 무슨 개뼈다귀 같은 소리일까?

"어째서 공덕이 없다고 하오?"

"이러한 것들은 속세의 인과응보에 불과할 뿐 진정한 공덕이라 할 수 없습니다."

감히 황제 앞에서 이런 말을 지껄이다니 괘씸하여 말문이 막힌 무제가 다시 물었다.

"그러면 진정한 공덕이란 뭐요?"

"진정한 공덕이란 청정한 지혜를 말하는 것으로 오묘하고 원만하여 본체가 비어 있어 고요하지요. 이러한 공덕은 현세의 법과 속세의 법으로는 청정 여부를 구분할 수 없습니다."

"어라! 그럼 좋아요. 불교의 성스러운 교리 중에서 가장 첫째가는 것은 뭐요?"

달마가 숨 쉴 틈도 없이 말했다.

"전혀 성스러운 것이 없는데 어찌 첫째가 있을 수 있습니까?"

황제를 무시해도 정도가 있어야지, 자신이 남조에서는 최고의 문장가이고 불교에 관해서는 속세에서 따를 자가 없을 정도로 해박한 석학임을 자랑하는 무제인데 도대체 이게 무슨 대답인가? 화가 하늘 끝까지 뻗쳐올라 반말로 물었다.

"그럼 내 앞에 있는 너는 누구냐?"

이에 달마가 조용히 말했다.

"알지 못합니다(불식不識)."

내가 누군지 나도 모른다는 이 대답에서 달마는 황제를 놀리거나 비판한 것이 아니라 진실을 말하고 있을 뿐이었다. 공덕이란 그 자체가 이 세상에 있는 것이 아니므로 공덕을 위해 공덕을 쌓지 말라는 가르침을 말했을 뿐이다.

당시 중국의 불교는 통치의 한 수단이고 왕과 귀족들이 애호하는 명품으로 타락해 있었다. 가난하고 무식한 백성들에게 붓다는 접하기 어렵고 극락은 꿈속에서도 가기 어려운 천지였다. 달마는 이를 깨부수기 위해 노력하는 중이었다.

양 무제는 달마의 무례를 그냥 넘기기에는 황제의 권위에 너무나 심한 타격이 된다고 보아 그를 은밀히 없애야 한다고 생각하였다. 그리하여 군사를 풀어 뒤따라가 죽이도록 명령했다. 추격한 군사들이 달마를 덮치자, 달마는 갈댓잎 하나를 타고 양쯔 강을 건너가 버렸다.

이 사건은 달마의 행적이 시대에 따라 "잠회강북潛廻江北, 몰래 강북으로 가다." "절로도강折蘆渡江, 갈대를 꺾어 타고 강을 건너다." "승로이도강乘蘆而渡江, 갈대를 타고 강을 건너다." "절로일지도강折蘆一枝渡江, 갈대 한 가지 꺾어 강을 건너다."라고 하는 등의 표현으로 신비화되는 계기가 되었다.

달마는 양쯔강을 건너 북위에 도착했다. 중국의 불교가 선종으로 다시 새롭게 서려고 하는 움직임이었다. 북위의 효명제가 달마에게 관심을 보여 궁으로 초청했으나 그는 찾아갈 마음이 추호도 없었다. 대신에 하남 숭산嵩山의 소림사小林寺로 가서 석벽을 마주하고 정좌하였다.

그곳에서 때로는 묵언하며 면벽선面壁禪으로 무소유 청정의 경지에 들어 깨달음을 얻고자 마음먹었다. 달마는 이를 장장 9년이나 실행했다. 중국 불교의 새로운 역사적 걸음이 시작되는 순간이었다.

9년 면벽수련 후 달마는 웅이산 아래에 있는 정림사定林寺에서 5년여 동안 선법을 전하다가 제자 혜가慧可(486?~593?)를 만났다.

혜가에게 달마가 말했다.

"내가 이곳에 온 뒤 다섯 번이나 독약을 마실 뻔했다. 그때마다 독약을 돌 위에 놓고 실험하니 돌이 둘로 깨졌다. 내가 중국에 온 것은 법을 구하는 사람을 만나기 위함이었는데 내 이제 너를 만났으니 나의 일은 끝났다."

그리고는 정법안장正法眼藏을 혜가에게 전하고 귀향할 의사를 밝혔다. 독살설에 관하여서는 『전등록』에서 선불교를 싫어하는 불교 학인들이 "달마 대사가 도를 설할 때 형상을 떠나 바로 마음을 가리키는 것을 보고 매양 시비를 걸었다."라고 하며 광통 율사와 그의 제자 보리유지를 지목하였다.

달마 선사는 제자 혜가에게 선법을 전한 뒤 여섯 번째 독약을 피하지 않고 마신 뒤 양 무제 대동 2년(536) 앉아서 입적했다. 대사의 불법을 들은 제자와 신도들이 정림사에 달마영탑과 달마전을 지어 그의 선법을 기리며 존경을 표했고, 관계가 원만하지 못했던 양 무제까지 친히 비문을 지어 올리기까지 했다.

몇 년 후 동위 효장제 때 송운宋雲이라는 사람이 서역에 사자로 갔다가 귀로에 총령葱嶺(파미르고원)에서 달마를 만났다. 달마는 지팡이에 짚신 한 짝을 꿰어 어깨에 메고 발은 벗은 채였다. 어디로 가느냐고 묻자 달마는 서쪽으로 간다고 하였다. 그러면서 장안에 가서 나를 보았다고 하면 재앙이 있을 테니 모른 척하라고 다짐하고 가던 길을 재촉했다.

귀국 후 복명 차 왕을 알현한 송운이 달마를 총령에서 보았다고 이야기하자 왕은 온 나라가 다 알고 있는 달마의 입적을 부인하는 송운을 감옥에 구속해 버렸다.

송운이 감옥에서도 계속 자신은 물론 일행이 모두 달마를 만났다고 주장하자 왕이 미심쩍어 웅이산의 달마 묘소를 파헤쳐 관을 열어보게 하였다. 관을 열고 보니 시신은 간데없고 짚신 한 짝만 있었다.

왕은 달마가 성불한 사실을 깨닫고 송운을 풀어주고 정림사를 공상사空相寺로 개명토록 하였다. 이러한 전설은 불교 전승에 향기를 불러일으키기도 하지만 중화 문화를 더욱 비옥하게도 한다고 볼 수 있다.

『속고승전』에는 달마가 주장한 깨달음의 방법론이 엿보이는데 그가 사용한 선법의 가르침을 '이입사행理入四行'이라 한다. 사고와 실행이라는 종교적 수양을 통하여 사상과 의식의 단련을 도모하여 도(진리)를 깨닫는 선법이다.

『이입사행론』에서는 하늘의 이치(천도)나 붓다의 가르침(불도)을 깨치는 길이 여러 가지가 있겠지만 결국에는 이입理入과 행입行入의 두 가지 방법이 가장 효율적이고 적확하다고 주장하고 있다.*

이입은 중생들은 누구나 참다운 마음 바탕인 불성을 가지고 있으나 번뇌 망상에 뒤덮여 있어 자신이 불성을 가지고 있다는 것을 모른다는 것을 전제로 하고 있다. 이러한 전제 아래 망념을 버리고 몸과 마음을 집중하여 본인 마음속의 불성을 찾기 위한 벽관壁觀을 행하면 적연무위寂然無爲 즉 무념무심無念無心이 되어 자타自他와 범성凡聖의 구별이 없어지고 글이나 말에 끌려 다니지 않는 깨달음을 얻게 된다는 것이다. 이입이 선종에서의 돈오頓悟**의 모체가 된 것이며 달마가 선가의 초조가 된 기조이다.

4행은 실천하는 수행 방법을 보원행報怨行·수연행隨緣行·무소구행無所求行·칭법행稱法行 네 가지로 풀이한 것이다.

보원행은 증오를 갚는 규범으로써, 들어가는 과정에서 사람들이 미움과 원한으로 고통을 받는 것은 자신 스스로 과거에 지은 죄업의 결과라는 것을 인식하는 깨달음의 방법이다. 바꿔 말하면 수행자가 과거에 지은 본인의 잘못을

◇◇◇◇◇

* 『한국 민족문화 대백과사전』, 집필 이지수, 1997 참조.
** **돈오頓悟** : 점오의 반대어. 번거로운 의식이나 오랜 수행을 하지 않고 단박에 깨닫는 것을 말한다. 선종 가운데 돈오를 주장한 계통은 6조 혜능이다.

갚는 행위로서 반성의 마음가짐을 말한다.

즉 "나는 오랜 옛날부터 참된 나를 버리고 잘못된 여러 세계를 돌아다니다가 원한과 증오의 마음이 일어나게 하여 사람들에게 미움을 사기도 하고 해악도 끼쳤다. 비록 지금 죄를 짓지 않아도 이 모든 고통과 고난이 나에게 일어나는 것은 지난 악업의 결과가 지금 일어났기 때문이다."라고 생각하고 원망이나 변명이 없이 현재의 고통을 받으면 저절로 마음이 진정되어 본래의 이치에 부합하는 도에 들어갈 수 있다는 것이다.

수연행은 적응의 규범이다. 고락이나 영욕은 과거 인연 때문이니 거기에 집착하지 않으면서 수행해야 도에 이를 수 있다는 수행 방법이다. 모든 중생은 항상 변하는 개체로서 연분의 결과로 살아간다. 따라서 중생의 고락은 인연에 의하여 생기는 것, 현재의 인과응보는 연분이 다하면 다시 없어지는 것이다. 인연이 다하면 다시 무로 돌아가는 것, 세속의 성공과 실패 명예나 재물 등은 과거에 누적된 원인의 덕택일 뿐 슬퍼하거나 기뻐할 아무것도 아니다. 내 마음의 동요가 없으므로 밖에서 비바람이 쳐도 묵묵히 도를 따라 순응하는 것이 수연행이다.

무소구행은 집착을 버리는 규범이다. 중생은 미혹하여

온갖 욕심에 사로잡히지만 지자知者는 모든 것이 공함을 깨닫고 아무것도 구하지 않는다. 세속적인 것에 대한 허망한 욕심을 버리고 가지고자 하지 않는 상태의 수행이 무소구행이다.

칭법행은 법에 맞게 살아가는 규범을 말한다. 이때의 법이란 중생들의 본래의 성품이 맑고 깨끗하다는 것을 밝힌 이치이다. 즉 불법은 순수 이성이라는 것이다.

이 이치에 따르면 모든 외형적이고 인위적인 상相은 곧 공空한 것이 되고 어떤 것에도 때가 묻지 않고 어떤 것에도 애착을 갖지 않게 된다. 따라서 이러한 이치에 따라 몸과 재보를 가지고 보시의 덕을 실천하되 조금도 아까워하지 않게 되며 완전한 자리행自利行*과 이타행利他行**을 실천할 수 있게 된다. 이처럼 모든 일을 행하면서도 그에 대한 애착과 물듦이 없이 행하는 것을 칭법행이라 한다.

이와 비슷하게 원효 대사의 『금강삼매경론』에서는 '행입'의 행위를 다음과 같이 기술했다.

"행입이란 무엇인가? 객관적 사물에 대한 헛된 망상의

◇◇◇◇◇

* **자리행自利行** : 성문, 연각의 행, 즉 자신을 위하여 불법을 듣고 깨우치는 행위를 하는 것이다.
** **이타행利他行** : 부처나 보살처럼 남을 위하여 깨우침을 이루려 하는 것이다.

그림자가 일어나지만, 마음이 어느 한쪽으로 기울거나 의지하지 않고 그것에 매달려 떠내려가지는 않는다. 세상의 모든 사물을 대할 때 마음이 고요해져 갖고자 하는 마음이 일절 없으며 대상 세계가 일으키는 바람에 전혀 동요되지 않는 것이 마치 대지와 같다."

달마 대사의 『혈맥론(血脈論)』에서는 이렇게 부연하고 있다.

"앞 부처와 뒤 부처가 다만 그 마음을 말할 뿐이다. 마음이 곧 부처이고 부처가 곧 마음이다. 마음밖에 부처 없고, 부처밖에 마음 없다. 만약 마음 밖에 부처가 있다고 한다면 부처는 어디에 있는가? … 만약 부처를 찾고자 한다면 반드시 본성本性을 보아야 하니 본성이 곧 부처다. 만약 본성을 보지 못한다면 염불하고 경을 외우고 제사를 지내고 계율을 지킨다고 하여도 이익이 될 것이 없다. 본성이 곧 마음이고, 마음이 곧 부처이고, 부처가 곧 도이고, 도가 곧 선禪이다. 본성을 보는 것이 선이다. 본성을 보지 못하면 선이 아니다."

달마와 차에 관한 설화는 차 문화 사회에서는 유명한 이야기다. 달마가 소림사의 작은 바위굴에서 9년 동안 잠을 거의 자지 않고 면벽 수행하는 동안 그도 사람인지라 졸음을 참는 것이 그리 쉬운 것이 아니었다.

그가 일심 정진으로 면벽했지만 눈꺼풀이 자신도 모르는 사이에 밑으로 쳐지는 것을 감당하기 어려워 마침내 쳐지는 눈꺼풀을 떼어내 뜰에 던져 버렸다.

다음날 신기하게도 눈꺼풀 떨어진 곳에서 나무가 나서 자라기 시작했다. 뜰의 나뭇잎이 바람에 살랑거리니 은은한 향이 코를 자극했다. 이에 나뭇잎을 따서 달여서 그 향기로운 것을 마시니 정신이 맑아지고 더는 잠이 오지 않았다.

이 나무가 차나무로서 달마에 의한 차 기원설이고, 여기에서 차를 마시는 사람이면 모두 들어 아는 추사의 '다선일여茶禪一如' '선다禪茶'라는 선판 글이 생겼다.

6

임제 나루터의 풍광승

_ 집착을 베는 취모검*, 할喝 _

　중국 선종의 오가 칠종** 가운데 우리나라에 전해져 법맥을 이어 내려온 것은 임제종이다. 우리나라 조계종 종조인 원적 도의元寂道義 국사가 당나라 마조 도일馬祖道一 선사의 고제高弟 서당 지장西堂知藏 스님으로부터 정법을 가져와 전등의 불을 지폈다. 태고 보우太古普愚 스님이 임제 의현臨

◇◇◇◇

* **취모검吹毛劍** : 날 위에 솜털을 올려놓고 앞으로 불면 털이 끊어지는 날카로운 명검. 모든 번뇌 망상을 제거하는 지혜의 칼이다.
** **오가칠종五家七宗** : 중국 남종선의 분파 총칭. 운문종·법안종, 위앙종, 임제종, 조동종의 종파를 5가라 하고 그중 임제종이 가장 우세했다. 송나라 때에 임제종 안에서 황룡파와 양기파가 다시 나뉘어 7종이 되었다.

濟義玄 선사의 18대 법손 석옥 청공石屋清珙 스님으로부터 법을 받아 우리나라 조계 사법嗣法의 역사를 이어왔다.

이렇게 우리나라에 들어온 조계 법맥의 원천인 의현 선사(?~867)는 당나라 때의 승려로 속성은 형邢씨, 산둥성 조현 사람이다. 석존 불맥 28대 조사이고, 마조馬祖- 백장百丈- 황벽黃檗으로 이어지는 홍주종洪州宗 법계의 선종 불맥 11대 조사다. 출생 연도는 알려지지 않았으나 어린 시절부터 개성과 자질이 특별하였으며 효성이 지극했다고 한다. 일찍 출가하여 당시 교종의 관습에 따라 율과 경을 열심히 공부하였지만, 궁극의 진리가 되지 못함을 알고 스승을 찾아 나섰다.

처음 황벽산의 황벽 희운黃檗希運 선사에게 3년을 수행하고 난 뒤 고안의 초막에서 홀로 수행하는 고안 대우高安大愚 스님을 10여 년 시봉하고 황벽으로부터 인가를 받았다. 이때 제자 의현이 스승이 계시는 황벽산과 대우 스님이 계시던 고안 계곡을 오고 가는 사이에서 유명한 '임제할臨濟喝'이라는 선풍의 공안公案***이 생겨났다.

◇◇◇◇◇

*** **공안公案** : 화두라고도 한다. 선종에서 스승의 깨달음이나 인연, 언행 등을 뜻하며, 수행자의 수행 공부의 길잡이로 쓰인다.

출가 후 큰 깨달음을 얻게 되는 고승들의 깨우침의 계기는 각양각색이다. 꽃을 들어 보이자 심법心法임을 알고 미소를 지은 계기, 해골바가지의 물을 마시고 마음의 법을 깨달은 계기, 손가락 하나로 마음의 진리를 보게 된 계기, 새벽에 뜬 별을 보고 법을 깨달아 얻은 계기, 변소 길에 넘어져 법을 깨달은 계기 등등 기기묘묘한 계기로 깊은 뜻을 얻게 되어 현재까지 1,700여 가지의 깨달음의 공안을 남기고 있다. 어쩌면 진리는 복잡하면서도 복잡하지 않고 단순하면서도 단순하지 않은 것인지도 모른다.

의현은 몽둥이를 맞아 진리를 깨닫게 되었고, 고함으로 심법을 전해 "임제할臨濟喝 덕산방德山棒*"이라는 법석에서의 독보적인 긴장된 기풍을 세웠다.

우선 '임제 할'의 고사는 스승 황벽과 대우의 기이한 인연과 더불어 붓다의 다함없는 진리를 밝혀내려는 올곧은 조사들의 불립문자 전등의 비책이라고 볼 수 있다.

의현이 깨달음을 얻고자 황벽산의 황벽 스님을 찾아가 3년여 세월을 닦아도 수행에 별 진전이 없었다. 입승(절간의

◇◇◇◇◇

* **임제할 덕산방臨濟喝德山棒** : 임제와 같은 시대 사람인 덕산 선감德山宣鑒(782~865) 스님의 사정없이 내려치는 주장자(방)의 가르침으로 임제종이 임제 의현으로부터 나왔고, 운문종과 법안종이 덕산 선감으로부터 나왔다.

규율과 질서를 돌보는 직책 승) 목주 스님이 보다 못하여 "불법의 큰 뜻이 무엇인가요?" 하고 황벽에게 직접 물어보라고 권하였다. 이에 의현이 스승에게 목주 스님이 권하는 대로 질문을 하니 해답은커녕 다짜고짜 몽둥이로 20대나 사정없이 두들겨 맞기만 했다.

간병실에 있는 의현에게 목주가 계속 가서 물으라고 하여 두 번이나 같은 질문을 더해도 똑같은 방망이질을 40대나 맞았다. 의현은 황망하기도 하고 더 배울 것도 없을 것 같아 산에서 내려가기로 결심하고 하직 인사를 했다. 절을 내려오는데 목주가 고은 계곡의 초암에서 불도를 펴고 계시는 대우 스님을 찾아 문의해 보라고 말해 주었다. 그리하여 대우 스님을 찾아갔다. 고운 계곡까지의 수백 리 길을 스승이 왜 때렸을까를 의심하며 걷다 보니 언제 도착했는지도 몰랐다.

황벽 스님을 3년이나 모신 후에 불법의 대의를 묻자, 방망이질 60대만 죽도록 맞았다는 저간의 사정을 말하니 대우 스님이 말했다.

"황벽이 너에게 친절하게도 즉각 깨우침을 세 번이나 주었는데 무슨 헛소리냐? 치워라!"

황벽은 대우 스님의 말에 놀라 그제야 스승이 때린 이유

를 깨우치며 "황벽의 불법이 별것이 아니군(황벽불법 무다자黃
檗佛法無多子)."이라고 내뱉었다.

몽둥이를 맞을 때는 몽둥이 생각으로 마음이 꽉 차서
빈 공간의 여유가 없었는데 몽둥이라는 놈을 내 생각에서
내보내 버리니 마음에 공간이 생겨나고, 빈 공간에 '참된
나'인 그 무엇을 채워 넣는 것이 올바른 나를 발견하는 방
법이라는 것을 비로소 알게 된 것이다.

이후 대우 밑에서 계속 수행, 대우 스님을 10년간이나 시
봉하였다. 대우 스님이 입적하실 때 "너는 스스로 너의 평
생 결심한 것을 저버리지 않았다. 이제 내가 죽으면 세상에
나가 마음의 법을 전하여라. 그리고 무엇보다 너의 스승은
황벽이라는 것을 잊어서는 안 된다."라고 말씀하셨다. 의현
은 다시 황벽을 찾아갔다.

황벽이 돌아온 의현을 보고 물었다.

"네가 왜 다시 왔어?"

그러자 의현이 다짜고짜 황벽의 멱살을 잡고 말했다.

"한마디로 도란 무엇인지를 이야기해 보세요."

의현은 스승의 갈비뼈가 부스러질 만큼 주먹으로 내리
쳤다.

"어이쿠!" 소리치며 쓰러진 황벽은 제자가 깨우침을 이

룬 것을 알고 백장에게 인가의 증표로 전승받은 선판과 궤안 등의 좌선 도구를 물려주며 제자로 삼았다.

'할'이나 '방'과 같은 공안의 도구는 자의식이 강한 제자가 무엇인가 내면적 고민에 집착해 있을 때 갑작스러운 외부적 충격으로 일시적인 자의식 활동을 중지시키거나 완화해 단숨에 깨우쳐 주려는 방편이다. 우리의 의식이 몽둥이에 머물러 있는 한 스승의 몽둥이를 피해 나갈 길은 없다. 몽둥이를 우리 마음 밖으로 몰아내야만 마음에 공간이 생겨 수많은 답이 보일 수 있게 되는 것이다. 온몸으로 부처님 법을 드러내거나 없앰으로써 붓다의 세상을 책임 있게 살아가도록 하는 방편을 찾아낼 수 있게 하는 것이다.

의현은 스승이 내려주신 이 증표를 그 자리에서 태워 버리려 했다. 황벽 스님이 말리며 장차 어느 땐가 천하 사람들의 쓸데없는 잔소리나 거짓 뉴스 차단용으로 쓸모가 있을지 모르니 그냥 가져가라고 하였다. 이렇게 의현은 고정관념과 인습을 초월한 독창적인 지혜 작용을 몸소 실천하여 새로운 선정의 일가를 이룬 풍광승 風狂僧이 되었다.

풍광승이란 쉽게 말하면 '미친 중'이다. 그러나 그 말속에는 보통 사람으로는 할 수 없는 언행을 구사하는 광기 어린 선승이라는 의미가 담겨 있다. 임제를 그렇게 부르는 이유는 임제원 주지로 있기 4~5년 전 진주 보화가 주지로 있는 절에서 강의하며 지낸 까닭이다. 그때 고정 관념과 인습을 벗어난 독창적인 지혜 작용을 행동으로 보여 많은 도움을 준, 세칭 허무승의 비조 진주 보화鎭州普化(?~861)의 풍광적 기풍을 같이 걸었기 때문이다.

의현은 황벽을 떠나 여러 곳을 다니다가 의현의 고향인 하북 진주현 호타강 동남쪽의 나루터에 있는 집에 임제원臨濟院*이라는 편액을 걸고 오가는 사람들을 실어 날랐다. 그곳은 당 함통 원년(860) 장군이자 태위였던 묵군화黙君華 거사가 자신이 살던 집을 보시한 곳이었다. 그리하여 불호佛號를 임제라 하였다.

그는 그곳 임제사에서 법의 깃발을 높이고 독자적인 새로운 교육 방법으로 '마음이 부처'라는 뚜렷한 자신의 불교 종풍을 세웠다. 그의 종풍은 온전한 기機를 크게 썼고, 무위진인無位眞人을 종宗으로 삼고 방편으로 방과 할을 써서 수행자로 하여금 몰아적沒我的으로 한곳으로 생각을 모으게 하는 것이었다.

◇◇◇◇◇

* **임제원** : 원임고도院臨古渡/운제왕래運濟往來/파정요진把定要津/벽립만인壁立萬仞(여기를 지나야 살 길이 생긴다는 의미)에서 임제를 딴 것이다.

"불법의 대의가 무엇입니까?"라고 임제에게 묻는 스님을 향하여 임제는 "할!"이라고 하며 고함을 꽥 질렀다. 이것이 임제의 가풍이 되었다. 그가 지키는 나루터 절간은 강을 건너려는 사람이면 지나야 하는 요긴한 길목에 자리 잡고 있어서 그곳을 지나야 깨달음의 세계에 들 수 있었다고 당시의 사람들은 비유적으로 말하였다.

어느 날 임제가 법상에 오르며 말했다.

"여기 발가벗은 몸뚱어리(적육단赤肉團) 속에 차별 없는 참사람(무위진인無位眞人)이 하나 있는데, 언제나 여러분의 얼굴을 통해서 들어갔다 나왔다 하고 있다. 여태까지 못 본 사람은 눈을 뜨고 똑똑히 보아라."

법상 아래에 어떤 배움에 목마른 학인 스님이 물었다.

"어떤 것이 차별 없는 참사람입니까?"

이에 임제가 법상에서 내려와 학생의 멱살을 잡으며 "말해 봐. 이놈아! 무위진인이라니, 이 무슨 똥 막대기 같은 소리야?"라고 하며 그를 밀쳐버리고 방장실로 들어가 버렸다.

이 화두에서 붉은 몸뚱어리란 인간의 벌거벗은 육체를 말하고, 무위진인이란 무한한 생명과 모든 공덕과 복덕을 갖춘 완전무결한 존재를 말하는데, 바로 부처를 말한다.

"네가 부처를 찾으려고 하는가? 내 앞에서 법문을 듣고 있는 당신이 부처인데 어디서 부처를 찾아, 이 똥 막대기 같은 사람아!"

언제나 자신이 주체로서의 본심을 자각하여 살아간다면, 여기 지금 자신의 삶의 진실을 깨닫는 세계가 열리게 된다는 것을 알아야 한다고 설하신 것이다.

덧붙여 설명하면 부처가 자신의 몸 안에서 자신과 같이 생활하고 있는데도 불구하고 도리어 외부에서만 부처를 찾으려고 애쓰고 있음을 탓하신 것이다. 그래서 임제의 법문을 대변하는 화두가 "수처작주 입처개진隨處作主 立處皆眞(어디서든 주인이 돼라, 서 있는 자리가 모두 진실이다.)"이다.

여기서 더 나아가 임제는 상황에 끌려 다니지 말고 일체를 부정하고 그것에서 벗어나야 번뇌로부터 완전히 자유롭게 된다고 외친 것이다. 다시 말하자면 관습·전통·권위·형식과 타성의 굴레에서 벗어나 완전히 해방된 자유를 주장한 것이다. 당면한 모든 것 속에는 깨달음의 목표인 부처도 포함되고, 그림자도 밟기가 두려운 존경하는 스승의 권위도 포함된 것이니 이것에서 벗어나야 한다는 인간 해방을 주장한 것이다.

이 화두가 그 유명한 "봉불살불 봉조살조逢佛殺佛逢祖殺

祖"이다. "부처를 만나면 부처를 죽이고 조사를 만나면 조사를 죽여라."라는 해탈자재解脫自在의*경지를 얻는 화두다.

임제는 말년에 북쪽에서 병란이 계속 일어나 남쪽으로 옮겨와 대명부의 흥화사興化寺에서 머물렀다. 당시 학생들에게 배움을 이어주고 있을 때의 모습이 극히 자연스러워 마치 달마가 소림사에서 면벽하는 것 같고 유마가 병상에서 입을 닫은 것 같았다고 한다.

돌아가실 때가 가까워지자 임제가 법석에 오르며 "내가 죽은 뒤에 나의 정법안장正法眼藏**을 없애지 말아야 한다."라고 하였다. 그러자 제자 삼성 혜연三星慧然이 "감히 어찌 스님의 정법안장을 없애겠습니까?"라고 하였다. 그랬더니 스님이 물었다.

"먼 훗날 어떤 사람이 그대에게 나의 정법안장이 어디 있느냐고 물으면 너는 무엇이라고 말하겠느냐?" 하고 묻자 혜연이 "악!"이라고 즉답하였다. 임제가 "누가 알리오?

◇◇◇◇◇

* **해탈자재解脫自在** : 고통과 번뇌를 벗어나는 깨달음의 경지에 이르면 내가 곧 부처라는 경지에 이르게 된다.
** **정법안장正法眼藏** : ①부처님의 바른 교법을 아는 안목을 가진 사람에게 내장된 진리의 내용이라는 의미. ②책 이름으로 송나라 때의 간화선을 주장한 대혜 종고大慧宗杲(1089~1163)가 저술한 책과 일본 조동종의 개조인 도겐(道元)이 찬술한 책, 조계종 호계원장 보광 스님이 12권으로 번역, 한글본이 2023년에 출간되었다.

나의 정법안장이 눈먼 당나귀에 이르러 사라지리라는 것을…" 하고 말했다.

말씀을 마치자, 스님의 몸에 아무런 이상이 없었는데도 불구하고 옷깃을 여미고 법석에 단정히 앉으시며 태연히 입적하였다.

시호를 혜조 선사慧照禪師라 하고 탑호를 징령澄靈이라 했다. 혜연은 스님 입적 후 깨달음의 핵심 말씀을 상당上堂·시중示衆·감변勘辨·행록行錄·탑기塔記의 5부로 엮어 『진주임제혜조선사어록』을 편집 발간하였다. 지금 전해지고 있는 『임제록』은 임제 사후 150여 년이 지난 후 북송의 종연宗演이 다시 편찬한 것으로 마조·백장·황벽의 어록과 함께 선종 4대 어록의 하나로 되어 있다.

임제의 법은 누구에게도 전해지는 것은 아니다. 깨달음이란 부처인 자신이 스스로 법성에 눈을 뜨는 것이다. 임제의 법은 임제의 것이고 임제의 법 앞에 혜연은 눈먼 당나귀일 뿐, 혜연은 혜연의 법에 밝을 뿐이었던 것이다. 이것이 진리를 바로 보는 안목이며, 임제가 혜연에게 전하려 한 정법이다. 결국 임제의 법은 중국에서 사라지고 동방으로 옮겨왔다.

7

6조 혜능의 전등 비사

_ 재송 도사와 바람과 깃발에 관한 문답 _

6조 혜능 대사(638~713)의 전법사는 그의 스승 5조 홍인 선사의 전법 이야기부터 알아두는 것이 더 좋을 것이므로 홍인 선사의 사승 내력부터 이야기해 보자.

4조 도신 스님(580~593)이 파두산에서 법을 펴고 있을 때 어느 날 황매현에 갔다가 우연히 7살 거지 소년을 만났다. 골상이 하도 기특하고 동냥하는 품이 방정하여 마음에 들어 그의 성을 물었다. 소년이 성을 불성佛性이라고 하므로 모든 사람이 가지고 있는 성이 너는 왜 없느냐고 다시 물으니 자신의 품성이 없기 때문이라고 답한다. 스님이 속으로 놀라며 교단에 두면 그릇이 되겠다고 생각하여 부모에게 출가를 권유하였다.

거지 아이의 어머니는 아이의 출가를 허락하면서 대사에게 자신과 아이가 거지 신세가 된 내력을 꼭 여쭤 달라고 하였다. 그리고는 다음과 같은 애기를 들려주었다.

"저는 근처 동네의 주씨 집안의 막내딸입니다. 처녀 때 동네 빨래터에서 빨래를 하는 중에 지나가던 노스님이 집에서 하룻밤 재워 달라고 하였습니다. 그래서 저 앞 동네 몇 번째 집이 우리 집이니 거기에 가셔서 아버지와 오라버니께 문의해 보라고 하였습니다.

그랬더니 처녀 생각은 어떠냐고 물었습니다. 저는 그냥 부모만 좋다면 하고 고개를 끄덕였습니다. 빨래를 마치고 집에 가서 물어보니 노스님은 오지 않았다고 하였습니다. 저는 그날부터 산기가 있어 배가 불러오고 집안에서는 난리가 나고 아버지는 저를 쫓아내 버렸답니다.

갈 데 없는 저는 이 동네 저 동네 떠돌며 품팔이로 지내다가 달이 차서 여관 처마 밑에서 애를 낳았죠. 도저히 기를 자신이 없어 핏덩이를 강보에 싸서 샛강 물에 띄워 보냈습니다. 어미 된 마음에 다음 날 새벽에 강가에 가보니 강보는 거센 강물에도 떠내려가지 않고 나무에 걸려 넘실대고 있었고 아기는 방실거리며 웃고 있었습니다. 이것을 보니 아이가 비상한 아이라는 생각이 들었고 순간 그때 그 노스님의 화신이라고 생각되었습니다."

이 이야기를 들은 제자가 돌아와서 스님께 여쭙자 도신 스님이 손가락으로 뭔가 꼽아 보시더니 거지 아이에게 나이를 물으셨다. 아이가 일곱 살이라고 하니 "아! 네가 바로 그 노인이로구나."라고 하셨다.

"내가 지금의 파두산사에 있을 때 근처 동네에 스님 한 분이 계셨는데 일상의 일이 소나무 심는 것이었다. 그래서 동네에서 모두 재송 도인裁松道人이라고 하였지. 그런데 그 분이 어느 날 찾아와 법을 가르쳐 달라고 하기에 너무 늙어 어렵다고 거절하면서 '다시 태어나셔서 오신다면 모를까?'라고 한 적이 있어. 그때가 7년 전이군."

이 거지 아이가 바로 5조 홍인 대사다. 4조 도신 스님 문하에서 5조 홍인이 선의 법맥을 이었다. 신라의 최초 유학 승려이고 희양산문의 개조 격인 법랑法朗도 쌍봉산(파두산)에서 법을 닦았고, 우두종을 세운 우두 법융牛頭法融 스님 (504~657)도 이곳 4조 문하에서 배출된 바 있다.

홍인 스님의 문하에서 어렵게 선맥을 이은 분이 6조 혜능 스님이다. 혜능은 중국 선불교의 종조로 숭앙되고 있다.

지방관리 위거와의 대화 설법집인 『육조단경』에 '돈오견성론'이 펼쳐져 있고 이를 통해 조사선이 확립되었다.

경經이란 부처님의 말씀을 기록한 책인데 붓다 이후 수많은 고승 대덕들이 쓴 어록이나 저술이 있어도 경이라고 부르는 것은 혜능의 『육조단경』 뿐이다. 2001년 일본의 한 언론사가 세상을 움직인 100대 명저에서 〈불경〉과 『단경』을 꼽은 것을 보면 이 책의 깊이와 넓이를 알 수가 있다.

일자 무식꾼인 혜능은 북종선의 개조인 신수神秀(606~706) 와의 심공논쟁心空論爭 등 수많은 일화를 남기신 분이기도 하다. 여기서는 스승 5조 홍인의 의발과 주장자를, 선배 도반들 몰래 방앗간에서 전해 받고 밤중에 남으로 황급히 떠난 때(661)로부터의 일화를 소개한다.

5조 홍인은 23살의 젊은 제자 혜능에게 다음과 같은 전등송을 주며 나룻배에 태워 보냈다.

　유정래하종有情來下種
　인지과환생因地果還生
　무정기무종無情旣無種
　무성역무생無性亦無生

뜻이 있어 씨가 뿌려지고
인연의 땅에서 열매가 다시 생겨나고
뜻이 없으면 원래 씨가 없는 것
본성이 없으면 삶도 없네.

의발 전등 3년 후 74세의 홍인 대사는 열반하시어 육신 불로 현재 황매산 홍인묘탑에 안장 되어 있다.

6조 혜능을 떠나보낸 뒤 홍인 대사는 이틀간이나 강설하지 않았다. 남쪽으로 의발이 떠났기 때문에 강설을 하지 않는다는 말이 전해지자 산사는 발칵 뒤집혔다. 글도 읽지 못하는 무식꾼 혜능이 홍인 대사의 법맥을 잇는 표지인 가사와 발우를 받아 몰래 황매산을 떠났다는 소식에 제자 600여 명이 추적 팀을 꾸려 쫓아갔다.

특히 그중에서 장군 출신 혜명이라는 기골이 장대한 승려가 혜능을 쉽게 따라붙었다. 고향을 앞에 둔 대유령 고개에서 혜능이 붙잡혔다. 목숨 부지가 어렵다고 판단한 혜능은 바위 위에 의발을 널어놓고 가져가라고 하고 옆으로 비켜났다. 혜명이 의발을 손으로 들어 올리려 하자 꼼짝도 하지 않았다.

사실 스승 홍인이 헤어질 때 의발 전등衣鉢傳燈은 분쟁

의 여지가 있으니 혜능 대에서 그치는 것이 좋겠다고 이미 다짐하였던 터였다. 아무리 들어 올리려 해도 꼼짝도 하지 않자 혜명은 무릎을 꿇고 혜능의 제자 되기를 빌었다. 혜명이 제자로 받아들여져 나중에 그는 도명道明이라 법명을 바꾸고 조계 보림사에서 혜능을 크게 도왔다.

혜능은 홍인의 가르침대로 남쪽으로 가서, 의발을 전수 받았다는 사실을 15년이나 숨기고 산적굴이나 사냥꾼 틈 또는 농가에 몸을 맡긴 채 조용히 수행하며 지냈다. 이제 장년이 되어 40세를 앞둔 혜능이 676년 광주시 광효사(당시 법성사)에서 인종 법사가 『열반경』을 강설하는 자리에 행자 차림으로 처음 얼굴을 내민 것이다.

그 자리에서 승려들 간에 깃발이 펄럭이는 것을 보고 깃발이 스스로 움직인다는 측과 바람 때문에 깃발이 움직이는 것을 알 수 있다는 측이 팽팽히 대립했다. 이에 혜능이 말했다.

"바람도 깃발도 움직임의 원인이 아니지요. 당신의 마음이 스스로 움직이기 때문입니다."

그러자 시끄럽던 강설장이 갑자기 조용해졌다.

이 광경을 본 인종 법사는 깜짝 놀라 행자를 방장으로 불러 어느 스승의 제자인가를 물었다. 혜능이 그간의 내력을 이야기하자 5조 홍인은 의발을 확인한 후 자리를 바꿔 앉고 예를 올렸다.

인종 법사는 정월 보름날, 광효사에 율사를 초청하여 혜능의 머리를 깎게 하고 수계식을 거행했다. 혜능은 이미 6조의 법을 이었지만 수계를 받지 못하고 도망 다니던 신세라 아직 재가자 신분이었다. 그러므로 아직 승단의 일원이 아니었던 것이다.

이 광효사는 구라발타 삼장이 계단을 세우며 예언하기를 "후일 육신보살이 이 계단에서 수계할 것이다."라고 한 곳이다. 또 인도 승려 지약 삼장이 인도에서 보리수를 가져와 심은 후 "후일 육신보살이 나와서 중생을 구제할 것이다."라고 예언한 곳이기도 하다. 지금도 그때의 보리수가 무성하게 자란다고 한다. 그리고 6조의 머리털을 보관한 축발탑도 오늘까지 대사를 기리며 서 있다.

6조 혜능 대사는 동산 조계로 돌아가 보림사를 세우고 36년을 주석, 713년 입적하셨다. 그 인연으로 동방의 우리 모두 조계 천강曹溪千江의 한 물방울이 되어 돌머리 맞으며 굽이굽이 흘러내리고 있는 것이다.

part 4

불
교
설
화
의
교
훈

1

안수정등岸樹井藤 우화

_ 욕망에 찌든 인간의 삶과 허무 _

이 이야기는 『불설비유경』에 나오는 설화로서 오욕에 빠져 허덕이고 있는 우리 인간의 삶을 묘사한 유명한 비유담이다.

한 나그네가 넓고 황량한 들판을 지나 집으로 향하고 있었다.

마침 들판 저 멀리에서 나그네 쪽으로 바람이 몰아치며 불길이 치솟아 올라오고 있었다. 나그네는 불길을 등지고 들판을 가로질러 냅다 달리기 시작했다.

그때 얼마 안 되는 거리에서 불길을 피해 달려오는 두 마리의 성난 코끼리가 보였다. 화기를 품은 거센 바람 소리와 지축을 울리는 코끼리의 발굽 소리에 놀란 나그네는 숨을 헐떡이며 계곡의 절벽 쪽으로 죽어라고 달리기 시작했다.

숨이 멎을 듯 달리던 나그네가 절벽 바로 앞에 우뚝 서 있는 큰 나무 한 그루를 보았다. 얼른 나무 위로 올라가 한숨 돌리는데 달려온 코끼리가 나무등걸을 뒤흔들고 있었다.

때마침 나무에는 굵은 등나무 한 그루가 얽혀 넝쿨 가지를 절벽 옆 우물 안으로 뻗어 내리고 있었다. 이를 본 나그네는 재빨리 그 등나무 넝쿨을 타고 우물 안으로 내려가 몸을 피할 수 있게 되었다.

우물 중간쯤 내려가 위를 보니 하늘은 불그스름하고 코끼리가 우물가를 서성이는 모습까지 보였다. 나그네는 그때야 한숨을 돌렸다. 그런데 타고 내려온 등나무 넝쿨을 흰 쥐와 검은 쥐 두 마리가 줄기를 아삭아삭 갉아먹고 있는 것이 아닌가?

생명줄인 등나무 넝쿨이 곧 끊어질 것 같아 우물 아래를 내려다보니 독용 두 마리가 혀를 날름대며 나그네를 쳐다보고 있었고 네 마리의 독사는 돌 틈에서 혀를 날름거리고 있었다. 놀란 나그네가 어찌할 줄을 몰라 허둥대다가 정신을 차려 우물 밖으로 나가려고 올라가 보니 들판에서 몰려온 불길이 이미 우물 주위를 감싸 밖으로 나올 수도 없는 화염지옥이었다.

다시 위험한 우물 속으로 내려갈 수밖에 없어 조심스레 우물 안으로 내려가 엉켜 있는 줄기를 꽉 잡았다. 바로 그때 나그네 얼굴에 촉촉한 액체가 똑똑 떨어졌다. 혀를 내밀어 흘러내린 액체를 빨아보니 우물 위쪽 등나무 등걸에 걸려 있는 꿀벌 집에서 떨어지는 꿀물이었다. 또 한 방울 또 한 방울 계속 떨어져 정신없이 다섯 방울이나 꿀물을 빨아먹었다.

단 꿀물을 빨아먹는 동안에는 등나무 줄기를 갉아먹는 쥐나 혀를 날름거리는 독사도 생각나지 않았다. 꿀물의 달콤함에 빠져 있던 동안은 공포심이 사라졌지만, 이내 더 큰 공포가 밀려와 온몸을 떨었다.

이제 나그네는 덩굴이 끊어지지 않는 동안은 두려움 속에서 꿀물이나 빨아먹으며 살다가 줄기가 끊어지거나 팔에 힘이 빠지면 죽어야 할 운명, 바로 그것이 나그네의 운명이 된 셈이다.

여기에서 나그네는 우리 인간이며, 들판은 우리가 사는

사바세계 즉 현세이고, 코끼리는 무상을, 우물은 사람의 몸을, 등나무 등걸은 인간의 생명을, 흰 쥐와 검은 쥐는 밤과 낮의 흘러가는 시간을, 두 마리의 독용은 우리가 지은 죄업을, 네 마리의 독사는 우리 몸을 구성하고 있는 사대*의 원소를, 그리고 꿀물은 인간의 오욕**을 비유한 것이다.

안수岸樹는 당나라 삼장 법사가 인간의 연약함을 절벽 위의 나무에 비유한 말로 현장의 『삼장법사전』에 처음 쓰인 불교 용어다.

지금 여기에 존재하는 나는 무엇이며 또 삶은 무엇일까? 그리고 나는 어떻게 살아야 하는가? 이와 같은 근본적 질문에 부닥치면 순간적인 쾌락에 취해 갈피를 못 잡는 인간은 이 우화 속 주인공처럼 진퇴양난의 깊은 허무의 골짜기에 빠진다.

부잣집 아들이며 최고의 지식인이었던 세계적 대문호 톨스토이가 방탕한 생활을 하다가 문득 허무의 골짜기에 빠져 고민할 당시 저술한 책이 『참회록』이다. 그는 이 책에

◇◇◇◇◇

* **사대四大** : 만물을 구성하는 기본 요소로 지地·수水·화火·풍風을 말한다.
** **오욕五欲** : 인간이 가진 기본적 다섯 가지 욕망 즉 재물욕·색욕·식욕·명예욕·수면욕.

서 안수정등의 우화 속 주인공이 본인임을 비유적으로 암시하고, 그 난제를 해결하는 방법으로 "타인과의 사랑"을 제시한 바 있다.

싯달타는 왕관도 재산도 아내와 자식도 버리고 이 깊은 심연의 골짜기에서 공空과 대적하여 마침내 자신을 건져 내고 부처가 되었다. 우리 보통의 사람들도 이 골짜기에 맞닥뜨릴 때 거기에서 분연히 일어나 붓다가 제시한 그 길로 나아가는 것이 참다운 삶이 아닌가 생각한다.

안수정등 우화는 꿀물이 주는 달콤함과 순간적 쾌락에 안주하여 인생의 참된 길을 걷지 못하는 인간의 위태로운 삶을 일깨워 주는 비유적 법문으로 오늘을 살아가는 현대인들에게도 큰 울림을 주고 있다.

【 참조 】
『불설비유경』

2

광덕 스님과 『원왕생가』
_ 향가와 정토 신앙 _

『삼국유사』는 기전체인 『삼국사기』와 달리 일연 스님이
단군 조선으로부터 삼국에 이르기까지의 우리의 고대사
를, 불교를 중심으로 쓴 역사서로서 민족적 자부심을 느끼
게 하는 불교 문화유산이다. 이 속에는 수많은 민중의 이
야기가 일연 스님의 자유로운 개성과 함께 펼쳐져 있다. 그
중 불가에서 자주 거론되는 몇 개를 소개한다.

　『삼국유사』 권5 「감통」 제7편에는 신라 문무왕 때에 승
려 광덕이 지었다고 하는 향가 「원왕생가」* 한 편이 향찰
로 실려 있다.

광덕廣德이 달을 중매쟁이로 삼아 무량수불 즉 아미타
불에게 극락왕생하게 해달라고 기도하는 10구체 서정시다.
본래의 시가를 해석하여 적어 보면 다음과 같다.

달님이시여!

이제 서방으로 가셔서

무량수불 앞에 말씀 사뢰소서.**

서원 깊으신 부처님께 우러러 두 손 모아 비나이다.

원왕생을, 원왕생을 바치오니

그리워하는 사람 있다고 사뢰어 주소서.

아아! 이 몸 버리시고

마흔여덟 가지 소원***이루실까?

- 〈김완진 역〉

◇◇◇◇◇

* 「**원왕생가**」: 왕생은 극락의 준말로서 원왕생은 극락세계에 태어나고 싶다는 뜻
이다. 「원왕생가」는 작자의 깊은 아미타 신앙(정토 신앙)을 읊은 10구체 향가로서 경
건미와 엄숙미가 조화를 이루고 있다. 작자는 광덕 또는 그의 아내라고 한다. 신라
불교가 귀족 불교의 한계를 넘어 일반 서민에 이르기까지 아미타 신앙으로 확산하
여 대중 불교로 전환되는 시대를 배경으로 현세의 고난을 이겨내고 내세의 극락으
로 왕생하겠다는 강렬한 의지를 기도 형식으로 표현한 서정적 가요다.
** **사뢰소서**: 웃어른에게 삼가 말씀을 드려 주소서.
*** **마흔여덟 가지 소원**: 아미타여래가 법장 비구였을 때 일체중생들을 구제하
기 위해 세운 48가지의 큰 소원을 말한다.

1,300년 전 신라에는 우리말은 있었으나 글이 없던 관계로 향가는 중국 한자의 새김(훈독)과 음을 빌려서 우리말을 적는 향찰로 쓴 시가이다. 당시의 말을 완벽히 모르는 우리로서는 해독하기가 상당히 어려워 해석도 중구난방이다.

삼국시대 특히 신라에서 유행하던 향가는 고려 시대에 들어오면서 명맥이 끊어지는데, 향찰을 사용하거나 이해하기가 어렵기 때문이 아니었나 생각된다. 현존하는 향가는 『삼국유사』와 『균여전』에 남아 있는 27수뿐이다.

승려 광덕이 지었다는 향가 『원왕생가』는 문학적 측면에서 보면 작가의 극락왕생을 희구하는 마음을 서정적으로 잘 표현한 10구체 정형시이다. 불교 사상적 측면에서 보면 아미타여래의 선근 공덕을 베풀어 주기를 바라는 정토 신앙적 요소가 잘 나타나 있다.

또한 신라 불교가 귀족 중심의 불교에서 일반 서민의 대중 불교로 확산하는 과정에서 아미타 신앙을 받아들임으로써 현세의 고통을 내세의 극락왕생으로 치환하려는 간절한 의지가 잘 그려진 한편의 간절한 염불송이다.

일연의 『삼국유사』에서는 「원왕생가」가 지어진 뒷이야기를 재미나게 적어 놓았다.

신라 문무왕 때 광덕과 엄장嚴莊이라는 두 우애 깊은 승려가 "우리 둘 중에서 먼저 극락세계로 가게 되는 이는 반드시 상대에게 서로 알리자."라고 굳게 약속하였다. 광덕은 분황사 서쪽 마을에 숨어 신발 만드는 일을 하며 처를 데리고 살았고, 엄장은 남악에 암자를 짓고 화전 농사를 하고 살았다.

어느 날 저녁 소나무 그늘에 어둠이 깃들 무렵 엄장의 집 창밖에서 소리가 들렸다.

"나는 벌써 서방세계로 가네, 자네는 잘 있다가 빨리 나를 뒤따라오게."

엄장이 밖을 나가 하늘을 바라보니 구름 위에서 음악 소리가 들려오고 밝은 빛이 땅까지 이어지고 있었다.

이튿날 엄장이 광덕의 집으로 가 보니 광덕은 이미 죽어 있었다. 그래서 광덕의 아내와 함께 시신을 수습하여 장사를 지내고 일이 끝나자 광덕의 부인에게 제안했다.

"남편이 죽었으니 혼자서 살아가기 힘들 터이니 나와 함께 사는 것이 어떻겠소?"

광덕의 아내가 이를 수락하자 엄장은 자신 집으로 친구의 부인을 데려왔다. 그날 밤 엄장이 친구 부인에게 정을 통하려 하자 친구 부인은 이를 거절하며 말했다.

"스님이 극락정토를 구하는 것은 물고기를 잡으려고 나무 위를 오르는 것과 같습니다."

엄장이 이상하게 생각하여 물었다.

"광덕도 이미 그리했는데 나라고 해서 어찌 안 됩니까?"

부인이 말했다.

"스님인 남편과 나는 10년을 함께 살았지만 하룻밤도 잠자리를 같이 한 적이 없었어요. 그분은 다만 매일 밤 단정하게 앉아 한결같이 아미타불을 외우며 16관(觀, 석가모니 붓다를 염원하는 수행법)을 하였습니다. 관이 끝나면 어리석음을 깨닫고 달관하여 밝은 달이 창으로 들어오면 때때로 그 위에 올라가서 가부좌를 하였습니다.

틀림없이 그분은 극락으로 가셨을 겁니다. 천리를 가고자 하는 사람은 첫걸음부터 알아보는 것인바, 지금 스님의 하시는 일은 서방으로 가는 길이 아닙니다."

엄장이 이 말을 듣고 얼굴을 붉히고 물러 나와 바로 원효 법사에게 가서 도에 이르는 묘법을 간곡하게 물었다. 원효 법사가 정관법*을 만들어 그를 지도하자 엄장은 그제

◇◇◇◇◇

* **정관법正觀法** : 생각의 더러움을 없애고 번뇌의 유혹을 없애는 법으로 『해동고승전』에 나온다.

야 몸을 깨끗이 하고 잘못을 뉘우치고 한결같은 마음으로 도를 닦아 역시 극락으로 가게 되었다.

광덕의 부인은 분황사의 계집종으로 부처님의 19응신의 한 분이다.

【 참조 】
『삼국유사』 일연, 김원중 역, 을유문화사, 2002, p521~524.
『원왕생가』 양희철, 『삼국유사』 향가 연구, 태학사, 1997.
『향가 해독법 연구』 김완진, 서울대 출판부, 1981.

3

가난한 여인 난타와 모니 공주

_ 붓다가 사월 초파일에 연등 공양을 받는 이유 _

아라비아 사막 한가운데서 수많은 밤하늘의 별을 보면서 페르시아 사산 왕조의 샤르아르 왕은 하룻밤 왕비를 자청한 세헤라자드의 간드러진 이야기를 들으며 아침을 기다린다. 이 〈천일야화〉, 일명 『아라비안나이트』의 짧으면서도 재미있는 이야기들을 읽으며 우리는 자랐다. 이와 비슷한 수많은 이야기들을 묶어 놓은 이야기집이 불경 속에 있다는 것을 아는 사람은 그리 많지 않다. 그 이야기집이 『현우경』이다.

『현우경』은 인도의 전래 설화를 각색하여 인과응보를

일깨우고 선업을 권유하는 대중교화를 주제로 하고 있다.

그 속에 나오는 이야기 소재들은 후일 동서양의 도덕적, 윤리적 저작물의 주인공이나 조연이 되기도 하고, 인도를 비롯한 아시아·중동·중국·한국·일본 등의 문학 소재로 활용되어 사람들에게 신비한 꿈을 꾸게 하고 그들 나라의 문화 품격을 높이기도 했다.

『현우경』은 붓다 입멸 1,000여 년 뒤 송나라 문제 때 혜각慧覺·담학曇學·위덕威德 등 여덟 명의 승려가 우전국에 유학하여 각자 들은 바를 기록하여, 중국에 돌아와 혜각이 445년 책으로 편찬한 경이다. 당시 양주에서 불경 번역을 하고 있던 혜량에게서 책 이름을 받았다고 한다.

이 책은 불교 설화와 비유 문학의 보고라고 할 수 있는데 280여 개의 품品으로 되어 있다. 책의 각 품은 과거·현재·미래의 여러 인연 설화로써 "나는 이렇게 들었다."로 시작된다. 이 경전은 중국에서는 『찬집백연경』, 『잡보장경』과 함께 불교 설화 및 비유 문학의 3대 경전으로 꼽히고 있다.

그 중 몇 가지 재미나면서도 일반인에게 잘 알려지지 않았던 난타와 모니 공주 이야기를 아래에서 소개한다.

나는 이처럼 들었다.

어느 때 붓다가 사위국 기수급고독원에 계셨다. 그때 그 나라에 구걸해서 살아가고 있는 한 여인이 있었다. 그녀는 국왕과 신하들, 대중 남녀노소가 모두 붓다께 정성스럽게 공양하는 것을 보고 '나는 전생에 무슨 죄를 지었기에 가난한 집에 태어나 복전을 만나도 뿌릴 씨앗이 없을까?' 하고 생각했다.

못내 괴로워하고 마음 아파하면서 아주 적은 공양이라도 하고 싶어 거리에 나가 쉬지 않고 구걸했다. 그러나 손에 쥐어진 것은 단돈 1전뿐이었다. 그녀는 그것으로 등불 기름을 사러 기름집에 갔다. 기름집 주인은 1전 어치 기름으로는 아무것도 할 수 없는데 무엇을 하려 하느냐고 물었다.

난타는 붓다께 올릴 등불 기름을 구하고 싶다고 하였다. 기름집 주인은 가엽기도 하고 기특하기도 하여 몇 곱절이나 되는 기름을 난타에게 주었다. 기쁘고 고마운 마음으로 난타는 등불 하나를 만들어 정성스럽게 붓다 앞에 있는 등불 심지에 불을 켰다. 그리고 서원을 세웠다.

"저는 가난하여 이 작은 등불 밖에 붓다께 공양할 것이 없습니다. 이 공덕으로 다음 생에서는 지혜의 광명을 저에게 주셔서 일체중생의 어둠을 없애게 도와주소서."

난타는 붓다께 경배 드리고 절에서 나왔다.

밤이 지나고 아침이 되자 다른 등불은 모두 꺼졌으나 난타의 등불만이 홀로 켜져 있었다. 아침에 당직인 목건련이 등불을 치우려 했으나 그 한 등불만이 심지가 닳지 않은 것이 새로 켠 등불 같았다. 목건련은 낮에 불을 켤 필요가 없어 저녁에 다시 켜면 된다고 생각하여 손바람으로 끄려 하였다. 그러나 그 불꽃이 여전하여 흔들리지 않았다. 다시 가사 자락으로 끄려 하였지만 불꽃은 변함없이 타고 있었다.

붓다께서 이를 보고 "지금 그 등불은 너희 성문*들은 끌 수 있는 등불이 아니다. 네가 사해의 물을 거기에 쏟아 붓거나 산바람으로 불어 제쳐도 그 불은 끌 수 없다. 왜냐하면 그 등불은 일체중생을 두루 제도하기 위하여 큰마음을 낸 사람이 보시한 등불이기 때문이다."

붓다가 이렇게 말씀하시자 난타 여인은 다시 붓다 앞에 나아가 예불을 드렸다. 붓다께서는 곧 그녀에게 수기를 주셨다.

"너는 오는 세상 2아승기**와 백 겁 동안 부처가 되어 이

◇◇◇◇◇

* **성문聲聞** : 붓다의 말씀을 들은 불제자를 말한다.
** **아승기阿僧祇** : 바닷가의 모래처럼 헤아릴 수 없는 많은 수. 수리 상으로 10의 56승이다.

름을 등광燈光이라 하고 부처의 10호*호칭으로도 불릴 수 있을 것이다."

이에 난타 여인은 수기를 받고 한없이 기뻐하며 붓다께 나아가 출가하기를 원하였다.

아난과 목건련은 붓다께 의문이 생기는 것을 여쭈었다.

"난타는 전생에 어떤 업을 지어 오랜 구걸 생활을 하였으며 또 무슨 행을 하여 오늘처럼 세존을 만나 출가하여 우리가 우러러 공경하고 다투어 공양하려 합니까?"

붓다께서 말씀하셨다.

"과거에 가섭이라는 부처님이 계셨는데, 어느 장자 부인이 몸소 절에까지 와서 자신의 집에서 공양 받으시기를 청하였다. 그런데 그때 가섭 부처님께서는 아나함 도를 얻은 어떤 가난한 여자에게서 공양 청탁을 받고 이미 허락해 먼저 공양을 받기로 되어 있었다.

◇◇◇◇◇

* **부처의 10호號** : 석가모니 붓다에 대한 열 가지 덕호德號(덕스러운 이름)를 말하는데, 대부분의 불교 문헌에서는 여래如來·응공應供(아라한阿羅漢, 모든 번뇌에서 벗어나 천신들의 공양을 받는 자)·정등각正等覺(모든 법을 바로 깨달은 자)·명행족明行足(지혜와 수행을 완성한 자)·선서善逝(깨달음에 잘 이르렀다)·세간해世間解(모든 세상사를 잘 아는 자)·무상사無上士(최고의 스승)·조어장부調御丈夫(대중을 잘 다루어 깨달음에 들게 하는 자)·천인사天人師(하늘 신과 인간 세상의 중생들의 스승)·세존世尊(세상에서 가장 존귀한 자, 일명 붓다)의 열 가지를 쓰고 있다.

이를 안 장자 부인은 자신의 재산이 많은 것을 믿고 부처님께서 먼저 그 청을 허락한 것을 못마땅하게 여겼다. 그래서 '부처님께서는 어이하여 제 공양을 미루고 거지 여인의 청을 먼저 들어주셨습니까?'라고 불만스럽게 말하였다.

이렇게 성자를 무시하고 자기 교만에 빠진 말을 한 업으로 그 부인은 500년 동안 거지 집안에 태어나 난타라는 이름으로 가난한 생활을 하게 되었다. 그러나 뒷날 난타가 붓다와 스님들을 공경하고 기쁜 마음으로 공양하였기에 지금의 나를 만나 서원이 이루어지고 수기까지 받아 온 나라의 사람들이 난타를 공경하고 우러러보게 되었느니라."

그때 대중들은 붓다의 이 말씀을 듣고 모두 기뻐했다. 또한 남녀노소 상하 귀천 불문하고 온 나라 사람이 향유 등불을 기원정사로 가져와 부처님께 등촉 공양을 하게 되었다.

난타의 등불 공양 이야기를 들은 수행비서 아난이 궁금하여 물었다.

"알 수 없습니다. 세존께서는 어떤 선의 뿌리를 과거 세상에서 쌓으셨기에 이렇게 많은 등불 공양의 인과응보를 받으십니까?"

붓다께서 대답하셨다.

"먼 옛날 아승기겁의 91겁 전에 이 염부제*에서 84,000 개 작은 나라를 다스리는 큰 나라에 파새기라는 임금이 있었다. 그가 태자를 낳았는데 몸은 자주 금빛이고 32가지 거룩한 모습과 80가지 특별한 외양을 갖추었고 정수리에는 저절로 생긴 육계가 있고 둥글게 말아 올린 나발과 이마의 백호 등 사람들의 눈을 부시게 하는 모습이었다.

왕은 유명한 관상가에게 길흉을 물어 작명을 하라고 하였다. 관상가는 그 기묘한 상을 보고 손을 들어 외쳤다.

"아! 훌륭하고 훌륭하다. 태자는 천상과 지상에서 짝할 사람이 없구나. 만일 태자가 집 안에 있으면 전륜성왕이 될 것이고 집을 나서면 부처가 될 모습이로구나."

그리고는 이름을 늑나식기勒那識祇라고 지었다. 태자는 차츰 장성하여 집을 떠나 도를 닦아 부처가 되어 많은 사람을 설법 제도하였다.

그때 부왕은 붓다와 스님들을 초청하여 석 달 동안 공양하였는데 거기에 아리밀라阿梨密羅(성스러운 친구)라는 비구가 있었다. 아리밀라 비구는 석 달 동안 등불에 사용할 향유를 구하려고 매일 성에 들어가 구걸하고 있었다.

◇◇◇◇

* **염부제** : 염부주라고도 하는데 수미산 남쪽 대륙으로 인간이 사는 곳을 말한다.

그때 그 나라의 모니牟尼 공주가 매일 성의 다락에 올라 내왕하는 사람들을 관찰하고 있었다. 그런데 한 비구가 매일 성에 들어와 무엇인가 구하는 것 같아 하인을 보내 연유를 물었다. 그 비구가 석 달 동안 붓다께 올릴 등불 향유를 시주할 현인을 구하고 있다는 사실을 알고 자신이 등 재료를 공급할 테니 구걸을 그만둘 것을 청했다.

그 뒤 공주는 약속대로 등불 향유를 절로 보냈다. 또한 아리밀라 비구는 하루도 빠짐없이 등을 켜고 일체중생을 구제할 서원을 세웠는데 그 정성이 지극하고 독실하여 붓다가 그에게 수기를 내렸다.

"너는 오는 세상 아승기겁 뒤에 부처가 되어 이름을 정광이라 할 것이고 10호를 갖출 것이다."

왕의 딸 모니 공주는 아리밀라 비구가 부처가 될 수기를 받았다는 말을 듣고 속으로 생각했다.

'붓다께 바치는 모든 등불은 사실은 내 소유였고 비구는 그것을 주선했을 뿐인데 비구는 붓다께 기별을 받았는데 나는 받지 못하였구나.'

이러한 마음을 붓다께 나아가 이야기했더니 붓다께서 들으시고 모니 공주에게도 수기를 내리셨다.

"너는 오는 세상 2아승기의 91겁 뒤에 부처가 되어 이름을 석가모니라 할 것이고 10호의 호칭을 받을 것이다."

이에 공주는 붓다의 예언을 듣고 기쁨이 마음속에서 터져 나오면서 갑자기 남자로 변하였다. 그녀가 거듭 붓다 앞에 예배하고 제자가 되기를 원하자 붓다께서 곧 허락하셨다. 그는 용맹정진으로 수행을 계속하였다.

아난과 대중들은 모두 땅에 엎드려 예배하고 기뻐하면서 받들어 행하였다.

이와 같은 과거세의 인연으로 붓다께서 지금도 사월 초파일에 수많은 등촉 공양을 받고 계신다. 이와 같은 내용은 『현우경』 「빈녀난타품貧女難陀品」에 실려 있다.

4

빼어난 외모를 가진
비구니 미묘의 기막힌 인생

_ 한마디 거짓 맹세로 천길 지옥행 _

붓다 제자 중에서 신통 제일의 비구가 목건련이라면, 계율 제일의 비구니는 『현우경』 속의 미묘 비구니로 친다. 미묘 비구니의 생애는 너무도 기기묘묘하고 참담하여 듣는 이로 하여금 과연 그러한 삶이 있을 수 있을까 하는 의구심을 불러일으키기도 한다.

『현우경』「미묘비구니품」의 미묘 주인공 이야기를 해 보자.

미묘 비구니는 브라만 가문의 딸로서 미모와 학식이 풍부하여 비슷한 브라만 가문의 자제와 결혼하여 단란한 신혼생활을 꾸렸다. 결혼 후 얼마 지나지 않아 건강하던 시아버지가 갑자기 돌아가시고 연이어 시어머니가 시름시름 하다가 남편의 뒤를 따랐다.

그러나 집안의 가장이 바뀐 것 외에는 가세가 변하지 않았고 첫아들을 낳고 연이어 둘째를 임신했다. 시댁보다 친정 부모님 곁에서 해산하는 것이 편안하지 않겠느냐는 남편의 말에 따라 남편과 아기의 손을 잡고 친정 출산 길에 나섰다. 가는 길에 갑자기 산통을 느껴 나무 아래 자리를 펴고 아이 낳을 준비를 하였다.

밤이 되어 아기를 낳고 옆을 보니 아들과 남편은 고단하였던지 죽은 듯이 잠이 들었다. 남편을 흔들어 깨우니 아무리 흔들어도 꿈쩍도 하지 않았다. 그제야 피 냄새를 맡은 독사들이 몰려와 자고 있던 남편을 물어 죽인 것을 알았다. 아내는 어찌할 줄 모르다가 첫째를 등에 둘러업고 둘째 핏덩이를 안고서 허둥지둥 가던 길을 서둘렀다.

얼마간 가다가 큰 강을 만났다. 강물은 깊고 물살이 거세서 두 아이를 동시에 데리고 건너기는 어렵게 보였다. 우선 첫째는 강가에 남겨두고 둘째 아들을 머리 위에 이고 거센 강을 건너 강둑에 뉘어 놓고 다시 되돌아 첫째를 데리러 갔다.

그런데 첫째가 엄마가 오는 것을 보고 기다리지 못하고

스스로 강에 뛰어들어 거센 물결에 휩싸여 허우적거리며 떠내려가고 있는 게 아닌가? 죽을힘을 다하여 아이를 잡으려고 몸부림쳤으나 이미 아이는 물속에 잠겨 보이지 않았다.

고함쳐 아이의 이름을 부르며 허우적대다 둘째가 있는 곳에 와 보니 늑대 두 마리가 아기를 물어뜯어 먹고 있는 게 아닌가? 돌을 집어 던지며 늑대들을 쫓고 보니 아기는 보이지 않고 그 자리에는 흥건한 핏자국만 남아 있었다.

졸지에 남편과 두 아이를 잃고 어찌할 바를 모르다가 정신을 가다듬고 친정집을 향하여 걸어갔다. 가는 도중에 친정아버지의 친한 친구인 한 브라만을 만났다. 친정집 소식을 물으니 며칠 전에 집에 불이 나서 집은 타서 없어졌고 아버지와 어머니 그리고 두 동생도 모두 불에 타 죽었다고 하였다.

미묘는 이 소식을 듣고도 긴가민가하여 친정으로 달려가 친정집 대문을 들어서니 집은 불에 타서 흔적도 없고 부모님은 보이지 않은 채 잿더미만 이리저리 흩날리고 있었다.

실성한 듯 이리저리 정처 없이 헤매고 있는 미묘를 본 아버지 친구인 브라만이 자신의 집에 데려다 딸처럼 돌보아

주었다. 정신이 나간 듯 멍하던 미묘는 잠시 자신의 집에서 누리던 편안함 덕분에 정신을 찾기 시작했다.

미묘는 얼굴이 워낙 고와 주위 사람들의 눈에 쉽게 띄었으므로 오래지 않아 옆 동네에 사는 한 브라만의 청혼을 받아 새로운 가정을 꾸렸다. 그러나 새로 결혼한 브라만은 날마다 그녀에게 고함질과 매질을 하는 극악무도한 성질의 사디스트(가학성 변태 성욕자)였다.

그녀가 다시 아이를 가져 해산달이 가까운 어느 날 갑자기 진통을 느껴 방에서 혼자 아이를 낳고 있었다. 그때 문을 열고 방에 들어온 남편이 누구와 작당하여 낳은 아이냐며 산모를 두드려 패기 시작하였다. 남편의 아이라고 하였지만 막무가내였다. 도리어 불같이 화를 내며 아이를 죽여 타락에 볶아 그녀에게 억지로 먹였다. 참다못한 그녀는 남편이 잠든 틈을 타 도망쳐 나왔다.

야반도주는 하였지만 갈 곳이 막막한 그녀는 무덤 근방의 나무 밑에서 잠자리를 틀고 장례 후 남겨진 음식으로 끼니를 해결하며 지내고 있었다. 그런데 매일 근처 무덤에 와서 슬피 우는 사람이 있어 저절로 미묘와 여러 번 얼굴을 마주치게 되었다.

그렇게 며칠이 지나 서로 이야기를 주고받다가 사정을

알고보니 그 사람은 매일 무덤에 찾아와 죽은 아내를 그리워하는 심덕이 곱고 얌전한 사람이었다. 그 사람은 그녀에게 청혼하고 두 사람은 서로의 과거를 깊이 이해하고 재혼의 연을 맺게 되었다.

미묘에게는 세 번째 결혼이었지만 이번에는 행복한 삶이 앞날에 열리는 것 같아 기쁘기 그지없었다. 그러나 그것도 잠깐 그 다정했던 남편이 이름 모를 병으로 시름시름 앓더니 백약이 무효로 죽어버렸다.

당시는 남자가 죽으면 아내는 순장되는 인습의 시대였다. 미묘는 며칠 분의 식량과 촛불을 들고 무덤에 들어가 기구한 생을 한탄하고 눈물을 흘리며 죽음을 마주하게 되었다. 며칠 후 정신이 혼미한 가운데 무덤의 구멍이 뚫리고 사람이 보이더니 누군가가 자신을 무덤 밖으로 꺼내 올렸다. 한 도둑이 무덤 속에 예쁜 여자를 생매장했다는 소문을 듣고 밤중에 무덤을 파서 그녀를 끄집어낸 것이었다.

도둑은 그녀를 당연한 듯이 자신의 마누라로 삼았다. 그녀는 죽는 것보다는 나으리라고 생각하여 도둑을 남편으로 여기고 도둑의 아내로 그렇게 살며 지냈다. 세월이 얼마 지나지 않아 하루는 관가의 병정이 몰려와 무슨 죄인지 도둑을 체포해 가더니 교수형으로 처형해 버렸다.

졸지에 네 번째 남편까지 얄궂은 운명으로 잃자 처참하고 허탈한 자신의 모습에 비통함을 금할 수 없었고 뼛속까지 스며드는 사고무친의 고독감이 온몸으로 밀려왔다.

'아! 혼자서 어떻게 해야 하나? 더 이상 갈 곳도 없고 맞아 주는 사람도 없고, 아무리 생각해도 살아갈 방도가 없구나.'

절망의 갈림길에서 갈팡질팡하고 있을 즈음, 거기서 멀지 않은 곳에 있는 기원정사에서 석가모니라는 성인이 모든 사람을 구원하고 계신다는 소문을 듣게 되었다. 그 성인은 전생과 후생을 마음대로 넘나드는 신통력도 가지고 계셔서 사람들의 온갖 고통을 없애 주신다고 하였다.

간신히 기력을 추슬러 기원정사 문을 들어서니 저 먼 곳에서 둥근 달이 밤하늘에 솟아오르는 듯한 광채가 보였다. 미료는 저절로 엎드려 절을 했다. 붓다께서 "어디서 왔느냐? 가까이 오너라." 하고 말씀하셨다. 자신을 알아보는 듯한 말씀에 "미천한 여인이 제자가 되어 도를 닦을 수 있겠습니까?"라고 여쭈었다.

그리고 고타미 비구니*를 시켜 머리를 깎게 하고 계를

◇◇◇◇◇

* **고타미 비구니** : 최초의 비구니. 출가 전의 석가국 정반왕의 정비 마하프라자 파

설한 후 비구니가 되게 하셨다. 그녀는 비구니가 된 후 붓다의 가르침을 가거나 오거나 앉거나 눕거나 열심히 닦아 확철대오하여 아라한과**를 얻고 겸하여 숙명통***까지 얻었다.

그렇게 일심으로 도를 닦음으로써 마침내 깨달아서 열린 숙명통으로 자신의 처참했던 과거를 비춰보기로 했다. 그리고 과연 세상의 인과법칙이라는 것이 콩 심은 데 콩 나고 팥 심은 데 정확히 팥 나는 법칙이고 자신에게도 예외 없이 적용된 것임을 다시 한 번 확인했다. 미묘 비구니의 전생은 이러했다.

전생에 미묘는 얼굴도 곱고 성질도 얌전한 부잣집의 안방마님으로 즐거운 생활하고 있었지만, 아들을 낳지 못했다. 집안의 성화도 은근하고 눈치도 보여 솔선하여 천한 집안의 규수를 바깥채 마님으로 맞아들였다. 얼굴과 몸이 무척이나 예쁘장한 작은 마님은 들어오자마자 아들을 쑥 낳았다.

◇◇◇◇◇

티 왕비다. 석가모니의 이모이며 양모다.
** **아라한과** : 성문 4과의 가장 윗자리, 모든 의혹을 끊고 수양을 완성하여 존경과 공양을 받을 수 있는 성인의 지위를 말한다.
*** **숙명통** : 자신이나 남의 과거 일들을 훤히 다 알아보는 신통력으로 6신통의 하나이다.

집안에서는 경사가 났다고 야단법석이었다. 그러니 바깥채에 대해 집안의 분위기가 이상스럽게 달라지기 시작했다. 바깥채에 남편의 발걸음이 잦아지기 시작했고 하인들의 태도도 바깥채의 눈치를 보는 듯했다.

안방 큰 마님은 자신이 낙동강 오리알 신세가 되어 가는 것을 느꼈다. 더 크기 전에 저 아이를 없애야 한다. 순간 안방 큰 마님은 못된 생각을 했다. 어느 날 몰래 바깥채에 들어가서 아기 정수리에 긴 바늘을 찔러 넣었다. 아기는 시름시름 하다가 곧 죽었다. 바깥채 작은 마님은 땅을 치며 울부짖다가 가만히 생각하니 아기가 별안간 죽은 이유가 큰 마님의 시기심 때문이 아닐지 하는 의구심이 일었다.

악에 받친 그녀는 남편과 안방 마나님 앞에서 공개적으로 안방 마님의 짓이라고 소리를 질렀다. 그러자 큰 마님이 말했다.

"내가 왜 죽여? 내가 아기를 죽였다면 후생에 남편이 독사에게 물려 죽을 것이고 아이들도 비명에 잃고 나도 생매장될 것이다."

미묘는 사람들 앞에서 맹세하였다. 그 이후 미묘는 머리가 지끈지끈한 병이 생겨서 아무도 모르는 자신만의 고통을 안고 일생을 지냈다. 이것이 미묘 비구니가 본 자신의 전생 모습이었다.

전생에서 자신에게 쏟아지는 살인 혐의를 벗어나기 위해 또 실제 아기 정수리에 바늘을 찔러 넣은 죄를 숨기기 위해 지껄인 거짓 맹세가 지금 세상에서 그대로 실현된 것이다.

미묘 비구니는 입으로 짓는 고약한 말의 응보가 얼마나 정확하고 무서운 것인지 깨달았다. 또한 맹세의 인과응보가 얼마나 무서운 것인가도 깨달아 단 한마디도 헛된 맹세는 하지 않아야 한다고 명심했다. 그뿐만 아니라 붓다의 가르침을 가슴 깊이 새기고 붓다의 말씀과 계율 지키기를 게을리 하지 않아 "계율 제일 비구니"라고 불리게 되었다.

【 참조 】
송담 스님(N219) 1983. 11. 용화 선원 첫 일요 법문.

5

앙굴리마라, 희대의 살인마

_ 악인도 참회하면 성인이 되나? _

악인이 죄를 짓고 참회하면 죄가 사라질까? 그리고 악인이 죄를 용서받으면 선인으로 바뀌고 성인이 될 수 있을까?"

이 문제에 대하여 도덕과 종교는 다른 태도를 보인다. 도덕은 죄를 저지른 사람에게 언제나 엄격하나 대부분의 종교에서는 더 유화적이다.

고해성사는 개인이 지은 죄를 스스로 자백하는 사건이다. 재판에 비유하면 "자신이 자백한 악행을 미워하고 뉘우쳐 스스로 죄인인 자신이 검사가 되어 기소하고, 신부는 신이 점지한 판사가 되어 죄인의 죄를 무죄로 판결해 사해 주는 사건"이라고 볼 수 있다.

불경 속에서는 씻을 수 없는 큰 죄업을 저지르고도 붓다를 만나 용서를 받는 사람들이 수없이 많이 보인다. 그중에서 희대의 살인마 앙굴리마라의 이야기는 너무도 유명하다.

2,500여 년 전 인도 코살라국의 두 번째 수도인 슈라바스티에 앙굴리마라라는 살인마가 거리를 휩쓸며 살인 행위를 저지르고 있었다. 그는 99명의 사람을 무자비하게 죽여 손가락을 잘라 그 뼈로 목걸이를 만들어 걸고 뽐내며 거리를 활보하고 있었다. 뼈 한 개만 더 모아 목걸이의 뼈가 100개만 되면 자신은 천하의 도인이 될 것이라고 으스댔다. 사람들이 관청에 고발해도 힘이 셀뿐만 아니라 워낙 신출귀몰하여 도저히 잡을 수가 없었다.

자식의 악행을 자신이 못난 자식을 낳은 죄라고 생각하는 앙굴리마라의 어머니는 100번째 목숨은 자신이 되겠다고 생각하여 그가 집으로 돌아오기만을 기다리고 있었다. 한편 살인귀 앙굴리마라 어머니의 깊은 마음을 신통력으로 읽은 붓다는 그가 숨어 있는 곳으로 갔다. 위험하니 가지 말라고 모두가 말렸으나 붓다는 가던 길을 계속 걸어가셨다.

으슥한 숲에 숨어 있던 앙굴리마라는 손에 칼을 꽉 잡고 붓다의 뒤를 쫓아 달려 나왔다. 그런데 이게 웬일인가? 아무리 달려 쫓아가도 태연히 걷고 있는 붓다를 따라잡을 수가 없었다. 죽으라고 힘껏 달려가도 거리는 좁혀지지 않았다. 결국 걸음을 멈추며 고함을 쳤다.

"앞에 가는 겁쟁이 수행자야, 걸음을 멈춰라!"

붓다가 답했다.

"앙굴리마라야, 나는 멈추었다. 너도 멈추어라."

당황한 앙굴리마라가 물었다.

"그게 무슨 말인가?"

붓다가 그를 돌아보며 차분히 말씀하셨다.

"앙굴리마라야, 나는 언제나 모든 살아 있는 생명체를 존중하여 칼을 휘두른 적이 없다. 그러나 너는 살아 있는 생명을 없애는 데 제 자신의 힘을 억누르지 못하고 살인을 일삼고 있다. 그러므로 나는 지금 멈추어 있고 너는 아직도 멈추지 못하고 있다."

앙굴리마라는 붓다의 말씀에 망치로 얻어맞은 것 같은 큰 충격을 받았다. 앙굴리마라의 원래 이름은 아힘사였다. 천하의 악인이 된 후 사람들이 "손가락 목걸이"라는 뜻의 앙굴리마라라는 이름을 붙인 것이다. 본래 그의 아버지는 슈라바스티(사위성)의 브라만 출신으로 궁정의 높은 관리였다.

앙굴리마라가 태어날 때 도둑 별자리 밑에서 태어나는 흉한 태몽을 꾸었으므로 아버지는 이 아기가 남에게 해를 끼치지 않기를 바라는 마음에서 그의 이름을 '아무도 해치지 않는 사람'이라는 의미의 아힘사라고 지었다.

아힘사가 열두 살 때 이웃 파라카시 마을의 마니바드라라는 브라만을 스승으로 천계 문학인 베다성전*을 배웠다. 브라만 마니바드라는 약 500명의 수행 제자를 두고 있었는데 아힘사는 그중에서도 특별히 체격과 용모가 수려하고 지혜와 지도력이 뛰어나 동료들로부터 선망과 질시의 대상이었다.

어느 날 스승이 궁정에 가서 며칠간 머무르는 동안에 스승의 아내가 앙굴리마라를 밀실로 유혹하였다. 앙굴리마라가 그녀의 유혹을 완강하게 거부하자 그녀의 부끄러움은 울분과 앙심으로 바뀌었다.

◇◇◇◇◇

* **베다성전** : 힌두교의 경전으로 지식·지혜·하늘 즉 신의 말을 기록한 것이다. 리그베다·아주르베다·사마베다·아타르바베다의 4경전으로 되어 있다. 철학서 우파니샤드는 베다의 해설서다.

스승이 궁정에서 돌아온 날, 분한 표정의 아내는 자신의 찢어진 옷을 내보이며 제자라는 놈이 나를 능욕하려 했다고 모함하며 울기 시작했다. 일설에는 스승의 총애를 독차지하고 있는 앙굴리마라를 동료 수행자들이 스승의 아내와 간통했다고 무고했다고 하는 설도 있다. 총증항극龍增抗極 즉, 높아져 총애 받을수록 시기가 많아지니 몸조심하라는 경고가 딱 어울리는 사례다.

이 거짓 무고에 스승은 사실 확인은 할 생각도 하지 않고, 앙굴리마라에게 칼을 빼 건네주며 "내일부터 거리를 오가는 사람들을 이 칼로 죽여 손가락을 잘라 100개의 뼈를 모아 목걸이로 만들어 목에 걸어야 너의 수행이 완성된다." 하고 말했다. 스승의 말이면 무조건 따르던 그는 잠시 고심하다가 일어나서 길거리로 나가 사람을 죽이기 시작하였다. 잠깐 동안에 99명을 죽이고 손가락뼈를 모아 목걸이를 만들었다.

이때부터 사람들이 그를 "앙굴리마라" 즉, "손가락 목걸이"라고 부르기 시작했다. 슈라바스티 성안의 사람들은 혼자 밖에 나오기를 두려워하여 거리는 한산해지고 인심도 흉흉해졌다. 사람들은 파세나디 코살라 국왕에게 앙굴리마라의 존재를 알리고 즉시 잡아들일 것을 고발했고 왕은 군사를 풀었으나 쉽게 잡히지 않았다.

이 와중에 붓다가 아무런 무기도 없이 앙굴리마라를 잡아 몇 발짝 앞에 앉혀 놓고 설득하는 중이었다. "나는 멈추었는데 너는 왜 멈추지 않느냐?"라는 말씀에 앙굴리마라의 충격은 엄청났다.

이제까지 자신과 마주하고 이렇게 자신의 행동이 어긋난 것이니 멈추라는 말을 하는 사람을 본 적이 없었다. 그는 다시 붓다께 설법을 요청했고 마음을 고쳐먹고 무릎 꿇어 제자 되기를 바랐다. 붓다는 그를 성 밖의 기원정사로 데려가 머리를 깎였다.

한편 주민들의 고발을 받은 파세나디 왕은 앙굴리마라를 체포하러 500명의 군졸을 이끌고 오던 길에 기원정사에 들러 붓다를 찾아뵈었다. 왕은 그곳에서 온 나라를 떠들썩하게 한 살인마가 개심하여 머리를 깎고 붓다의 제자가 되어 앉아 있는 모습을 보았다. 왕은 "붓다는 몽둥이와 칼로 다스릴 자를 설법과 자비로 다스리신다."라며 붓다를 높이 찬탄하고 궁으로 돌아갔다.

붓다의 제자가 된 앙굴리마라 비구는 매일 아침이면 마을로 탁발을 나갔다. 마을에서 자신을 기억하는 사람들로부터 탁발은커녕 돌팔매를 맞아 머리가 깨지기도 하고 발길질에 발우를 깨트리기도 다반사였다. 그런데도 앙굴리마라는 이 괴롭힘이 자신이 겪어야 할 응보라고 생각하고 묵묵히 인내의 길을 걸었다. 그날도 평시처럼 걸식하는 중에 산통으로 괴로워하는 임산부를 길에서 만났다.

임산부는 그를 붙잡고 출산의 고통에서 벗어나게 해달라고 막무가내로 가사를 잡고 매달렸다. 잔혹한 살인마였던 자신에게 순산을 부탁하는 임산부의 고통스러워하는 모습에 앙굴리마라는 크게 당황하여 어찌할 줄 몰랐다.

그는 기원정사로 한걸음에 뛰어가 임산부의 부탁을 붓다께 전하였다.

붓다는 앙굴리마라에게 말씀하셨다.

"너는 지금 당장 그녀에게 달려가서 '나 앙굴리마라는 단 하나의 생명도 해친 적이 없으니 그 공덕으로 산통에서 벗어나 순산하라.' 하고 말하여라."

앙굴리마라는 머뭇거리며 말하였다.

"저는 여러 번 사람을 해쳐 수없이 살인까지 하였는데 어찌 차마 그런 거짓말을 할 수 있겠습니까?"

이에 붓다가 말씀하셨다.

"너 앙굴리마라 비구는 석가의 문에 들어온 이후로 단 하나의 생명도 해친 일이 없지 않느냐?"

붓다의 품에 안긴다는 것은 모든 것을 포용하고 용서하는 새로운 삶의 시작임을 깨우쳐 주신 것이다.

그는 붓다의 말씀을 임산부에게 달려가 전했다. 신기하게도 임산부는 전하는 말을 듣자마자 순산했다. 이 임산부에게 던진 말씀이 불교에서 예불할 때 하는 진언眞言*의 시작이다.

교단에서는 율법이 시키는 대로 공손히 순종하는 앙굴리마라 비구를 보고 예전의 그가 아니라고 하여 마음을 주는 사람도 있었다. 그러나 아직도 그가 탁발을 나가면 돌을 던지고 몽둥이로 치고 때려 머리에서 피가 줄줄 흐르고 장삼이 갈래갈래 찢어진 매무새로 기원정사에 들어오는 일이 다반사였다. 그러나 이런 때에도 앙굴리마라의 표정에는 언제나 원망보다는 섭수**의 온화함이 흐르고 있었다.

이 얼굴 모습을 본 붓다는 앙굴리마라에게 다가가서 어

◇◇◇◇◇

* **진언眞言** : mantra, 만다라라고 음사되기도 한다. 부처님의 서원이나 덕, 그리고 가르침 등을 간직한 비밀의 어구를 말하는데, 모든 죄악이 소멸되고 공덕이 생긴다고 하며 범어 그대로 읽는다. 『천수경』 첫머리의 정구업진언(수리수리마하수리수수리사바하), 관세음보살의 자비를 나타내는 육자대명왕진언(옴마니반메훔) 등이 대표적이다.

** **섭수攝受** : 자비로운 마음으로 남을 받아들임. 차별 없이 모두 받아들이는 포용의 다른 불교 용어.

깨에 손을 얹으며 말씀하셨다.

"앙굴리마라야, 너는 인내해라. 네가 지은 죄업으로 수많은 겁의 세월 동안 지옥에서 받을 업보를 지금 여기서 받는 것이니라."

앙굴리마라 비구는 말없이 고개 숙여 합장했다. 그리고 앙굴리마라 비구가 죽어 열반에 든 뒤 제자들이 의문을 품고 물었다.

"참회하면 죄가 사라집니까?"

붓다가 말씀하셨다.

"수많은 악행을 저지르고도 사람들은 여전히 더 나은 방향으로 나아가려 하고, 얼마 지나지 않아 깨달음에 이를 수 있다."

현장의 『대당서역기』에는 "앙굴리마라 스투파라고 불리는 탑이 수닷타 장자의 집터에 세워져 있다."라고 하는 글이 있어 그의 실존을 암시하고 있다.

part 5

●

불
교
역
사
속
의
기
이
한
일
들

1

붓다의 쌍신변 이적

_ 물과 불이 몸의 아래위로 흐르고, 몸이 두 개로 되는 신통술 _

석가모니나 예수와 같은 선지자는 사람들이 생각할 수 없는 초자연적이고 초이성적인 이적을 이따금 일으켜 종교지도자로서의 위엄과 신성을 나타내는 일이 있다. 또한 병자나 불구자를 치료하는 등의 여러 가지 치병 사례를 나타내어 본인의 말이나 행위가 내적인 힘을 가진 진리임을 확인시켜 교세를 넓혀 나가기도 한다.

사흘 만에 부활하신 일, 하나님이 이집트에서 10가지 재앙을 내린 일, 장사 지낸 지 4일 후 나사로를 살려 내신 일, 빵 다섯 덩이와 물고기 두 마리로 5,000명을 먹이신 일 등

59차례의 이적 흔적이 기독교의 성전인 성경에 기록되어 있다. 현대를 사는 사람의 이성적인 머리로는 도저히 믿기지 않는 일이 이 세상에서 벌어진 것이다.

이적은 언제 어디서나 누구에게도 일어날 수 있음에도, 옛사람은 과학을 부인하였고 현대인은 종교적 능력을 불신하며 이적이 일어나는 것에 극히 부정적 시선을 가진 것이 사실이다. 그러기에 불교 신도도 붓다의 이적을 믿으려 하지 않는 경향이 많지만, 이것은 엄연한 불경 속의 진실이다.

시대를 거슬러 올라가 2,000여 년 전 옛사람들에게 인간이 철 뭉치 속에 앉아 달나라에 갔다가 흙을 가지고 귀환했다는 일, 평생 처음 본 외국 사람과 수 천만리 떨어졌는데도 얼굴을 보며 소통하는 일, 음속보다 몇 배나 빠른 속도로 달에 사람과 위성을 보내 달의 흙을 가져왔다는 등의 말을 했다면 이 말을 믿으려 했을까? 자신이 보지 않았거나 모른다고 하여 부정하는 것은 바로 자신의 무지를 드러내는 것일 뿐이다.

붓다는 제자들이 이적(신통)을 보이는 것을 금하셨다. 신통은 신통을 부리는 사람이나 이를 지켜보는 사람들의 마음에 만족감을 불러일으키지만, 열반에 이르는 수행에는 방해되기 때문이고, 출가한 승려들이 자기 수행보다 신통에 집착하려 할 가능성이 커 불교의 본질이 변질될 수 있기 때문이었다.

그런데 붓다가 이 신통을 직접 행하여 제자들의 의구심을 해소한 사건이 30회 정도나 있었다. 그 첫 번째가 제자는 물론 세상 사람들과 외도 종교 지도자들까지 놀라게 한 쌍신변의 이적이다. 살아계실 때 붓다는 이 쌍신변 이적을 네 번이나 보이셨는데 그중 하나인 사위성에서 벌어진 붓다 성도 5년쯤의 쌍신변을 하나 소개한다.

라자가하의 한 부자 장자가 갠지스 강에 놀러 갔다가 떠내려 온 자목련 등걸로 나무 발우를 만들었다. 그는 이 나무 발우 속에 진귀한 보물을 넣고 긴 장대 위에 올려놓으면서 신통력으로 공중으로 날아올라 이것을 가지고 내려오는 아라한이 있다면 그의 제자가 되겠다고 하며 현상을 걸었다.

그런데 인도 각지의 신통 사도들이 시도하여 모두 성공하지 못했으나 목련 존자의 도반道伴인 삔돌라 빠라드와자(빈두로 존자)*가 성공하였다. 신통력 시험에 성공한 빠라드

◇◇◇◇◇

* **빈두로 존자** : 나반존자라고도 한다. 숙명명·천안명·누진명의 신통력을 가졌다. 우리나라에서는 독성각과 삼성각 등에서 흰머리와 긴 눈썹의 신선으로 모셔져 있다.

와자가 의기양양해서 또 다른 신통을 보여주는 통에 성안이 박수 소리와 고함으로 왁자지껄해졌다.

기원정사에서 제자들에게 설법하고 계시던 붓다가 이를 아시고 하찮은 나무 발우 때문에 사문이 수련의 최고 단계인 신통을 드러내면서 자기 과시를 하는 것을 보고 심하게 꾸짖으며 사문의 신통과 나무 발우 사용을 금지했다.

신통과 나무 발우 사용이 금지된 계율이 교단에서 확정되자, 이교도들이 붓다 교단에는 '초인의 법'이 없고, 붓다도 자신이 세운 계율을 깰 수 없으므로 신통을 부릴 수가 없으리라고 생각하고 붓다에게 신통을 겨루자고 제안했다.

이 소식을 들은 라자가하의 빔비사라왕이 걱정이 되어 붓다께 물었다.

"이교도 측에서 붓다께 신통을 겨루자고 제안했다는데 계율로 금지되어 있으니 어떻게 하실 생각입니까?"

"그럼 겨루어 봐야지요."

"계율로 금지되어 있지 않습니까?"

"계율은 제자들에게만 적용됩니다. 대왕의 왕궁에 다른 사람이 들어와 정원의 망고나 과일을 따 먹으면 도적으로 몰아 벌을 주지만 대왕이 따먹으면 벌을 받지 않는 것처럼, 주인은 예외입니다."

붓다가 명쾌하게 말씀하시며 신통을 그들에게 보여 주겠다고 하셨다. 더욱이 앞으로 4개월 후 우기의 끝인 아살하 달(음력 6월) 보름날 사왓티성 근처 망고나무 숲에서 만나 신통을 보여 주겠다고 날짜와 장소까지 지정해 주셨다.

그날이 되자 붓다는 제자 비구들을 데리고 사왓티성 동쪽에 있는 망고나무 동산에 들어가셨다. 성내의 사람들과 이교도들은 재미나는 사건이 벌어질 것 같은 흥분을 느껴 동산으로 몰려들었다.

동산 관리인 간다가 부처님께 잘 익은 망고 열매를 바쳤다. 붓다가 그 망고 열매를 받아 잡숫고 그 씨를 관리인 간다에게 주시며 정원 한쪽에 심게 하셨다. 씨가 땅에 떨어지자 붓다가 그 위에 손 씻은 물을 뿌렸다. 문득 땅이 갈라지며 잎사귀 두 개가 나와 사람들이 보고 있는 동안 무럭무럭 자라더니 가지가 뻗어 나와 잎이 무성해지고 꽃이 피고 열매가 주렁주렁 열렸다. 사람들은 멍하니 놀라 붓다의 불가사의한 능력에 놀라 경탄을 금하지 못했다. 이교도 사도들은 이 광경에 놀라 도망갈 채비까지 차렸다.

이때 붓다가 눈을 감고 걸으며 선정에 들자, 윗몸에서 불이 솟아오르고 하반신으로는 물이 줄줄 흘러내렸다. 몸의 앞쪽에서 불이 나고 뒤쪽에서 물이 흐르며, 왼쪽 눈에서 불이 나고 오른쪽 눈에서 물이 흐르며, 귀·코·어깨와 수많은 털에서도 같은 현상이 계속 일어났으며 몸 각각의 부분에서 청색·황색·적색·분홍색·초록색·백색의 광명이 번갈아 비쳐 나와 말할 수 없이 기이한 광경을 보이셨다. 그리고 붓다는 자신과 똑같은 두 분으로 나타나시더니, 혹은 앉으시고 혹은 걸어가시며 서로 문답하는데 모두 깊은 이치에 관한 내용이었다.

사람들은 이 생각의 범위를 벗어난 신기한 광경을 보고, 또 알아듣기 쉬운 방편으로 설하신 법의 깊은 이치를 듣고 모두 4제의 진리를 이해하여 붓다의 공덕을 찬양했다.

붓다는 이러한 신통을 보이신 후 사람들을 거기에 그대로 남겨두고 어머니 마야부인에게 법을 설하시기 위하여 도리천으로 오르셨다.*

◇◇◇◇◇

* 『우리말 팔만대장경』 제1편 제8장 제1절 "부처님의 교화와 위신력"에서 축약.

2

이차돈의 순교

_ 청년 승려의 피로 신라에서 불교가 공인되다 _

법흥왕이 육촌의 화백 회의를 개최했다. 당시에는 불교가 나라에 들어오기는 하였지만, 그 세력이 극히 미약하여 지배계급 사회에서도 인식이 거의 없었으며 민중 사회는 전통 무속사상에 더 익숙해 있던 시기였다.

불교가 신라에 들어온 지 100여 년이 흐른 뒤의 일이다. 눌지왕 때 아도가 지금의 경산군에 있던 모례의 집에 시자 세 명과 숨어들어 지내다가 신라의 공주가 위독해지자 향을 태워 공주를 낫게 한 일이 있었다. 이에 감복한 왕이 상을 내렸으나 아도는 사라지고 남아 있던 시자 세 명이 불경을 강독한 사례를 신라에 불교가 처음 들어오게 된 사실로 『삼국유사』에 기록되어 있다.

아도가 신라에 불교를 들여왔다고 『삼국유사』에서는 기술하는데 『삼국사기』에는 아도가 아닌 묵호자라고 기록되어 있다. 묵호자가 일선군에 온 때는 법흥왕 15년이므로 아도설이 더 타당하다고 생각된다.

신라에 불교가 언제 들어왔느냐에 대해서는 세 가지 주장이 있다. 첫째, 미추왕(262~284) 시대라는 『수이전』의 주장이 있고, 둘째는 눌지왕(417~458)과 비처왕(소지, 479~500) 시대라는 『삼국사기』의 주장과 셋째, 법흥왕(514~540) 시대라는 『해동고승전』의 주장이 있다.

이처럼 세 가지 설이 혼재해 있다는 것은 국가 형성기인 300여 년 동안이나 신라에서 주류 상층부 사회뿐만 아니라 서민들 사회에서 신앙의 밑바탕은 토속 샤머니즘이었기 때문에 불교가 자리를 잡을 수 없었기 때문이다.

고구려나 백제가 불교를 직수입한 것과는 달리 신라는 고구려 승려가 대낮에 공공연히 불법을 펼친 것이 아니라 죽령을 넘어 모례의 집에 몰래 숨어들어 공주의 병을 고쳐 주는 전도 방법으로 불교를 전파했다. 아직도 불교가 활동할 수 있는 분위기가 형성된 사회는 아니었다. 그만큼 상고 신라의 사회 지도층은 토속 신앙에 경도되어 있었다고 보아야 할 것이다.

이러한 폐쇄적인 분위기 속에서 등극한 법흥왕은 율령을 제정하고 시호를 마립간에서 왕으로 바꾸는 등 지방 분권적 육촌 귀족회의 중심에서 중앙집권적 통치 체제로 바꾸려는 등의 신라의 국가적 면모를 일신하고자 하는 개혁 군주였다.

그는 521년 당시 중국과의 외교관계를 수립하면서 양 무제가 파견한 승려 원표를 왕실에 정식 사절로 받음으로써 왕실에 불교가 소개되자 이를 기회로 불교를 통치 체제에 활용할 필요성을 느꼈다.

법흥왕은 왕실 통치 체제를 확립하기 위하여 흥륜사 건립을 육촌회의 즉 화백회의의 안건으로 올린 것이다. 회의 결과 귀족회의의 주류 진골과 성골 세력이 장악하고 있는 육촌회의에서는 이를 용인하지 않았다. 법흥왕의 의도를 읽은 신흥 관리가 주류 귀족 세력의 권위에 과감히 도전하여 국기를 일신시킨 사건이 바로 '이차돈 순교 사건'이다.

이 사건으로 국왕과 귀족 세력 간에 일정한 타협을 보게 되어 535년 불교는 신라에서 공인받게 되었다. 이후 왕실과 밀접해짐으로써 교세가 확장되기 시작하여 마침내는 신라에서 불교는 호국불교로 자리 잡기에 이르러 동방 최고의 불교 전성시대를 만나게 된다.

『삼국유사』의 법흥왕과 이차돈의 순교 이야기를 참고하여 대부분의 역사 교과서에서도 "이차돈의 목에서 솟아오르는 흰 피가 신라 불교 확산의 기폭제가 되었다."라고 이 적처럼 약술되어 있어서, 신라 불교 확산의 계기나 경과가 설화적으로 장면화 되어 있다.

『삼국유사』에서는 그 장면을 자세히 그려 놓고 있는데 원문을 읽어 본 사람이 드물어 "법흥왕, 이차돈의 흰 피" 사건 정도로 역사적 사실을 인식하고 있는 것이 현실이다. 이 사건은 신라에서 불교를 국교로 공인하는 계기가 된 중요한 역사적 사실로서 신라의 정치·사회·문화·예술 등에 크나큰 전환을 이룩한 사건이었다.

뿐만 아니라 신라 불교는 오늘날의 K문화와도 연관된다고 볼 수 있어 역사적 사실로서의 의의가 매우 크다. 좀 더 자세한 내용을 알아 두는 것이 한국 불교를 정확하게 이해하는 데 도움이 될까 하여 일연 스님의 『삼국유사』 권3 「흥법」 "원종흥법 염촉멸신原宗興法 厭髑滅身(원종이 불법을 일으키고, 염촉이 몸을 사른다.)" 원문을 발췌 번역하여 전재한다.

여기서 원종은 법흥왕이고 염촉은 이차돈의 본명이다.

『신라본기』에 "법흥왕이 즉위한 14년(527)에 (눌지왕으로부터 상기하여 100년) 하급 신하인 이차돈異次頓이 불법佛法을 위해 몸을 멸했다."라고 하였다. 즉 소량* 보통 8년 정미년, 서천축에서 달마가 남경에 온 해이다.

이 해에 낭지 법사** 역시 처음으로 영취산***에 머물면서 설법하였으니, 이것을 보아 불교의 흥함과 쇠함도 멀든 가깝든 같은 시기에 서로 감응한다는 것을 가히 믿을 수 있다고 하겠다.

어느 날 법흥대왕이 자극전에서 소맷자락을 늘어뜨리고 팔짱을 낀 채 동방을 굽어보며 신하들에게 말했다.

"옛날 한나라 명제가 꾼 꿈에 감응하여 불법이 동으로 흘러 들어왔다. 과인이 왕위에 오르면 백성을 위하여 복을 빌고 죄를 면해 주는 장소(절)를 만들어 주고자 하는데 어

◇◇◇◇◇

* **소량蕭梁** : 중국 남북조 시대 남조 양梁나라의 초대 황제 무제의 이름이 소연蕭衍이기 때문에 소량이라고 줄여 부른다.
** **낭지 법사** : 『삼국유사』 「피은」 제8에 나오는 지통 법사로 지금의 양산 영취산에 거주하여 『법화경』을 강론하고 신통력을 지녔다 한다. 의상 대사의 문하에서 불교 교화에 이바지하고 『추동기』를 저술한 학승이다.
*** **영취산** : ①인도 왕사성 동북쪽에 있는 산으로 석가여래가 『법화경』과 『무량수경』을 강설한 산. ②경남 양산시 북쪽에 통도사가 있는 산.

떠한가?"

이에 대하여 조정의 신하들은 (〈향전〉*에는 공목, 알공 등이라 함) 그 깊은 뜻을 헤아리지 못한 채 오직 나라를 다스리는 대의만 존중하여 절을 건립하려는 신기한 계략에는 따르지 않았다. 대왕이 탄식하며 말했다.

"아하! 과인이 대업을 이어받았음에도 불구하고 덕이 없어 위로는 음양의 조화가 이루어지지 않고 아래로 백성의 즐거움이 없어서, 만기를 친람하는 정무 틈틈이 석가모니의 교화에 뜻을 두고 있으나 누구와 더불어 이를 상의하겠는가?"

이때 마음을 닦은 사람으로 성은 박씨 이름은 염촉이라는 사람이 임금 앞으로 나섰다. 이차異次 혹은 이처伊處라고도 하는데 이는 방언이 다르기 때문이고 염촉을 한자로 번역하면 싫다(염厭)라는 뜻이고 촉은 조사이다. 그의 아버지는 확실하지 않고, 할아버지는 습보갈문왕習寶葛文王의 아들 아진阿珍 종宗이다.

신라의 관직이 17등급이 있는데 아진찬은 네 번째 등급이고 파진찬으로도 불린다. 습보와 종은 이름이고, 신라 사

<hr>

* 〈향전〉 : 우리나라의 향토에서 전해오는 서적 또는 책의 이름이다.

람은 죽은 뒤에 봉한 왕을 모두 갈문왕이라고 불렀다. 사실은 역사를 담당한 관리도 상세히 모른다고 하였다. 또 김용행이 지은 『아도비문』에 따르면 사인의 이때 나이는 26세이고, 아버지는 길승이고 조부는 공한이며 증조부는 걸해대왕이라고 하였다.

염촉은 대나무나 소나무 같은 깨끗하고 곧은 절개를 갖고 있었고 물과 거울처럼 맑은 뜻을 품었으며 선행을 수없이 쌓은 명가의 종손이었고 언젠가는 거룩한 조정의 신하로 등용되기를 바라고 있는 사람이었다.

이때 나이 22세였고 사인舍人의 관직(신라의 관직에 대사大舍와 소사小舍 등이 있었는데 하사의 직급이라고 보인다.)에 있었다. 그는 왕의 용안을 우러러보고는 눈치로 왕의 마음을 짐작하고 아뢰었다.

"신이 듣건대 옛사람들은 나무꾼에게도 계책을 물었다고 합니다. 죄지을 위험을 무릅쓰고라도 한 말씀 아뢰고자 합니다."

왕이 말하였다.

"네가 참견할 만한 일이 아니다."

사인이 말하였다.

"나라를 위해 몸을 바치는 것은 신하의 큰 절개이고 임금을 위해 목숨을 다하는 것은 백성의 바른 의리입니다. 거짓말을 아뢴 죄로 신을 벌하여 목을 베시면 만백성이 감복하여 감히 하교를 어기지 못할 것입니다."

왕이 말하였다.

"새의 무게만큼 살을 베는 고통을 당하면서도 새 한 마리를 살리려 하였고*, 피를 뿌리며 스스로 목숨을 끊어도 짐승 일곱 마리를 불쌍히 여기는 사례도 있다. 그렇지만 백성들을 이롭게 하고자 함이 과인의 의지인바 어찌 죄 없는 자를 죽이겠는가? 너는 비록 공덕을 쌓으려 하지만 죄 없는 너를 어찌 죽일 수 있겠느냐?"

사인이 말하였다.

"버리기 어려운 것 중에 목숨보다 더한 것은 없을 것입니다. 그러나 비록 소신이 저녁에 죽어 불교가 아침에 행해진다면, 붓다의 해가 중천에 떠오르고 위대한 임금께서 오랫동안 편안하실 것입니다."

왕이 말하였다.

"난새와 봉황의 새끼는 어려서부터 하늘을 높이 나르려

◇◇◇◇◇

* 『대지도론』: 「본생담」의 시비왕 이야기다. 인도 제바테성의 시비 왕 품속으로 날아들어 온 새 두 마리 중 한 마리를 살리기 위해 새 무게만큼의 살을 베어 굶주린 새에게 주어, 날아들어 온 새를 살렸다는 가슴 찡한 이야기를 인용한 말이다.

는 뜻을 가지고, 기러기와 고니의 새끼는 나면서부터 파도를 헤치는 기세를 품는다고 하는데, 네가 그처럼 한다면 가히 대사(보살)의 행동과 같다고 할 수 있구나."

그런 다음 곧 왕은 권위를 세우고 사형 때 쓰는 풍도(망나니가 쓰는 칼)를 동서로, 서릿발 같은 형구를 남북으로 진열시킨 다음 여러 신하와 군중을 불러 모아 물었다.

"짐이 절을 세우려는데 경들이 어렵게 일부러 지체시키는 이유는 무엇인가?"

그러자 신하들이 두려워 떨며 그런 일이 없다고 맹세하고 손가락으로 동서쪽을 가리켰다.

(《향전》에는 염촉이 거짓 왕명으로 절을 세우라는 뜻을 전하니 여러 신하가 와서 왕께 간하였다. 염촉이 왕명을 거짓으로 전한 것을 알고, 왕이 노여워하여 꾸짖고 그를 처형하였다고 한다.)

왕이 사인을 문책하자 사인은 낯빛을 잃어 대답을 못 했다.

왕이 분노하여 목을 베라고 명령하자 관원이 그를 묶어 관아로 데려왔다.

사인이 맹세하고 옥졸이 그를 베자 흰 젖이 한 길이나 솟구치고 하늘이 어두워지면서 석양이 그 빛을 감추고 땅이 진동하고 비가 후두두 떨어졌다.

(《향전》에는 사인이 맹세하기를 "큰 성인인 법왕께서는 불교를 일으키려고 자신의 목숨을 돌보지 않고 세상 인연을 버리니, 하늘은 상서로움을 내리시어 사람들에게 두루 보이십시오."라고 하자 그 머리가 날아가 금강산(경주 소재) 꼭대기에 떨어졌다고 되어 있다.)

임금은 슬퍼하여 구슬픈 눈물이 용포를 적시고 여러 재상도 근심하고 슬퍼하여 땀이 머리에 쓴 사모에 배었다. 샘물이 갑자기 말라 물고기와 자라가 다투어 뛰어오르고 곧은 나무가 부러지고 짐승들이 떼 지어 울었다.

그들이 모두 말하였다.

"이것이 바로 왕(법흥)의 신심을 붙들어 아도의 본심을 이룬 것이니 참으로 성스러운 분이다."

마침내 북망산 서쪽 고개에 장사를 지냈는데 난야*를 짓고 이름을 자추사刺楸寺라 하였다.

【 참조 】

『삼국유사』, 일연, 김원중 옮김, 을유문화사, 2002. 11.

◇◇◇◇◇

* 난야蘭若 : 아란야의 약칭. 한가하고 고요한 처소라는 말인데 절을 가리킨다.

3

진묵 대사의 효행

_ 모친의 천년 제삿밥 차리는 승려의 효심 _

천도교 『전경』 「교운」 1장 65절에 "또 어느 날 상제께서 말씀하시기를 선도와 불도와 유도와 서도는 세계 각 족속 문화의 바탕이 되었나니 이제 최수운**을 선도의 종장으로, 진묵震默을 불교의 종장으로 주회암***을 유교의 종장으로 이마두****를 서도西道의 종장으로 각각 세우노라."

◇◇◇◇◇

** **최수운崔水雲** : 최제우崔濟愚, 동학 창시자, 속임수로 백성을 현혹하였다는 죄명으로 대구에서 참형에 처해졌다.
*** **주회암朱晦庵** : 주희朱熹, 남송의 유학자로 주자학을 집대성했다.
**** **이마두利瑪竇** : 마테오리치(1552~1610) 또는 이자利子로 불린다. 중국을 비롯한 아시아 대륙에 기독교 신앙을 정착시킨 이탈리아 출신 예수회 선교사이다. 지

라고 되어 있을 정도로 진묵은 근대 조선 불교계에서 널리 알려진 선사다.

대사가 살았던 시대는 불교계가 팔천八賤*의 위치에서 사회적으로 최하위의 대접을 받던 시기였다. 전주 출신의 정여립 모반 사건으로 전라 지식인 1,000여 명이 유폐되거나 목숨을 잃어 지방의 민심이 중앙과 멀어지던 시기였고, 왜란과 병란이 겹쳐 국토가 유린당하고 인명 살상이 곳곳에서 일어나 그 참상을 눈을 뜨고는 볼 수 없을 시대이기도 했다. 그러나 진묵은 서산처럼 승병을 일으켜 속세와 어울리지도 않고 초야에서 민중들과 부대끼며 지내고 있었다.

진묵 일옥震默一玉은 명종 18년(1562) 김제 만경면 불거촌佛居村에서 출생했다. 출생부터 부처가 살던 곳이라는 뜻을 가진 곳에서 탄생한 것이라고 볼 수 있다. 9세에 출가하여 태고 종찰인 완주의 봉서사와 변산의 명월암, 진산의 태고사와 깊은 인연을 가지며 평생을 그곳에 머물렀다.

수많은 종교적 체험으로 민간으로부터 추앙받아 부처의

◇◇◇◇◇

식인들에게 천문·지리·수학을 가르쳤고, 천주라는 어휘의 번역으로 세계 기독교계에 파문을 일으키고 〈곤여만국전도〉의 세계지도 제작과 「천주실의」를 한역으로 번역 출간하였다.
* **팔천八賤** : 조선시대의 여덟 천민으로 사노비·승려·백정·무당·광대·상여꾼·기생·피혁 공장工匠 등이다.

화신으로까지 불렸고 법문과 문자보다는 삶 그 자체로 불교의 올바른 의미를 일깨워 준 스님이다. 그런데 이름만 휘날릴 뿐 진묵이 직접 지은 책 한 권도 없고 남은 건 오직 시 한 수와 모친을 위한 제문이 남아 있을 뿐이다. 그리고 200여 년 후에 초의 선사가 편찬한 『진묵조사유적고震默祖師遺積攷』에 사건 중심의 몇 개의 일화가 기록되어 있을 뿐, 봉서사와 관련 사찰 주위의 사람들의 입에 회자하여 오는 수많은 이적 일화로만 그를 기억하고 있음이 안타까울 뿐이다.

그 일화들 몇 개를 소개한다.

진묵이 태어날 때 불거촌의 초목이 3년 동안 시들었다고 하는데 이를 본 사람들이 세상에 드문 인물이 태어날 것이라고 수군거렸다. 진묵은 천성이 슬기롭고 자비로웠으며 9세에 출가하여 불교 서적을 읽었는데 한번 보면 다 외웠고 아무도 스승이 되어 가르칠 수가 없었다고 한다.

봉서사 동자승으로 있을 때 절 입구를 지키는 신장단에 향불을 올리는 임무를 주지가 어린 진묵에게 맡겼다. 얼마 후 주지가 낮잠을 자는데 꿈에 신장들이 나타나서 주지에게 "우리는 부처님을 지키는 신장들인데 젊은 부처님이 직접 향불을 올리니 송구하기 그지없어 어쩔 줄 모르겠습니다. 제발 그분이 직접 향을 사르는 일을 그만두게 해 주십시오."라고 하였다. 이 일이 알려진 뒤 승려들과 대중들이 진묵의 비범함을 알았고 "부처님이 이 땅에 환생하셨다."라고 하며 동자승을 특별 대우하였다.

봉서사에서 오리쯤 떨어진 곳에 김동준金東準이라는 유학자가 살고 있었다. 진묵과 김동준은 정신적으로나 학문적으로 서로 깊이 교류하고 있었다. 하루는 동준이 진묵에게 『성리대전』을 빌려주고 한 사람을 딸려 보냈다. 진묵이 걸어가면서 짊어지고 있는 책을 한 권씩 대충 훑어보고 따라오는 사람에게 도로 건네주었다. 뒤에 따라오던 사람이 왜 빌린 책을 도로 주느냐고 물으니, 진묵이 "고기를 잡은 뒤에는 통발은 잊어야지요."라고 응답했다. 이 소식을 들은 동준이 『성리대전』을 꺼내 물으니 한 자도 틀림이 없이 답해 동준이 그의 비범함에 놀라지 않을 수 없었다.

한번은 진묵이 길을 가다가 소년들이 물고기를 잡아 시냇가에서 끓이고 있는 것을 보고 "잘 놀던 고기들이 죄 없이 잡혀 솥 안에서 삶기는 고통을 받고 있구나."라고 하며 탄식하였다. 이에 한 소년이 먹고 싶으시냐고 조롱하였다. 이에 진묵이 "준다면 먹지."라고 하며 솥을 들어 단숨에 마셔 버렸다.

놀란 소년들이 "어찌 뜨거운 고깃국을 그렇게 솥째로 마십니까? 스님은 진짜 스님이 아니시죠?"라고 하자 "내가 잡아 삶은 것은 아니지만 이들을 살려내야겠다."라고 하며 아랫도리를 벗고 냇가 물속에서 설사를 하자 고기들이 쏟아져 나왔다.

진묵이 봉선사 상원암에 머물 때 시자가 한 달쯤 먼 곳으로 떠났다가 돌아와 보니 진묵의 얼굴에 거미줄이, 무릎 사이에 먼지가 수북이 쌓여 있었다. 시자가 보고 놀라 급히 거미줄을 걷어내고 먼지를 털어내며 스님을 부르자 "왜 이리 일찍 왔느냐?"라고 반문하였다.

스님에게는 시집가서 외동아들을 둔 누이동생이 있었는데 찢어지게 가난하게 살고 있었다. 이 조카의 가난을 면하기 위해서는 복을 쌓아야 한다고 생각한 스님이 칠석 전날에 누이동생을 찾아가 "애들아, 내일 칠석 자정 때까지 일곱 개의 밥상을 차리도록 해라. 내 특별히 칠성님을 너희 집으로 모셔 너희들이 복을 지을 수 있도록 주선하였으니 명심하고 단단히 준비하여라."라고 하였다. 이 말을 들은 누이는 오라버니의 신통력을 익히 아는지라 아들과 함께 온 집안을 깨끗이 청소하고 일곱 저녁상을 성심성의껏 준비하여 칠석날 자정을 기다렸다.

자시가 되자 오라비가 일곱 명의 손님을 모시고 집안으로 들어서는데 손님들의 몰골이 신선의 모습이 아니라 영락없는 시정 부랑인 행색이고 지저분한 몰골들이 아닌가? '어디서 저런 거지발싸개 같은 노인들을 데리고 왔을까? 받기는커녕 도로 내 복을 가져가겠군.'라고 하며 손님들에게 인사도 하지 않고 부엌으로 들어가 버렸다. 그리고는 솥 뚜껑을 쾅쾅 내리찧으며 밖에 들리도록 투정을 부렸다. 그러자 진묵의 간곡한 음식 권유에도 불구하고 밥상 앞 손님들이 하나씩 일어나 밖으로 나가기 시작했다.

마침내 마지막 칠성님까지 일어나려 하자 진묵이 마지막 칠성님의 손을 붙잡고 사정하였다. "박복한 누이와 조카가 아니라 나의 얼굴을 봐서라도 제발 한 숟갈만이라도 잡숫고 가십시오."라고 통사정을 하였다. 이 때문에 마지막 문곡 형님이 국 한 숟갈, 밥 한 숟갈, 나물 한 숟갈을 동냥하듯 입에 넣고 떠났다.

복 지을 인연도 없는 누이 모자를 보고 혀를 끌끌 차며 "그래도 문곡대군이 세 숟갈을 드셔서 앞으로 3년은 부자가 될 거야."라고 하며 집을 떠났다. 다음날 조카가 장에 가서 암퇘지 한 마리를 사 왔는데 며칠 만에 새끼 열두 마리를 낳았다. 그것을 키워 송아지를 사고 송아지를 키워 금

방금방 암소가 되어 새끼를 두 마리씩 낳고 팔고 하니 삼
년 만에 꽤 부자가 되었다. 삼 년째 되는 날 조카의 집 돼
지우리에 불이 나더니 소 외양간으로 번져 안채까지 옮겨
붙어 하룻밤 사이에 전 재산이 날아가 버렸다.

변산 월명암에 있을 때 모든 스님이 출타 후 진묵이 홀
로 선삼매禪三昧에 들었는데 문이 저절로 열리고 닫히는 바
람에 손가락이 문틈에 끼어 피가 나는 줄도 모르고 있었
다.

이때 전주부의 한 관리가 죄를 지어 도망가는 길에 진묵
에게 인사를 드리고 가야겠다는 마음이 들어 스님을 찾아
절을 올렸다. 스님은 "도망가는 것이 어찌 대장부가 할 일
인가? 그러지 말고 나에게 공양을 올리고 집으로 가게."라
고 하였다.

그 관리가 진묵이 시키는 대로 하고 돌아가자, 진묵이
나한전에 들어가서 차례로 나한들의 머리를 세 번씩 쥐어
박으며 "그 관리 놈이 별 죄가 없으니 잘 돌보아 주게."라고
하였다.

이튿날 밤 그 관리의 꿈에 나한이 나타나 "구하는 바가
있으면 나에게 직접 말하지, 어찌 스님께 여쭈어 이리도
나를 괴롭히느냐? 너의 소행은 괘씸하나 스님의 명이 있으

니 구해주지 않을 수 없구나."라고 하였다.

진묵 선사는 일찍 출가하여 대부분의 생을 승려로서 살았지만, 삶 속에서 계율 일변도의 수행 생활만 한 것이 아니라 속세의 모친에 대한 효심을 놓지 않았고, 대중들과 만나 술을 곡차라고 하며 즐겨 마셨다.

요즈음 간혹 불가에서 술을 곡차로 부르는 것의 효시는 진묵 선사 때문이다.

비록 출가하여 산중에 살지만, 진묵은 효심이 지극했다. 전주 우아동 일출암에 있을 때는 어머니를 절 인근에 모셔다 살게까지 했다. 여름에 모기로 어머니가 고생하자 이를 안쓰럽게 여겨 모기를 죽일 수는 없고 산신령에게 부탁하여 절 인근에서 남김없이 쫓아냈다고 한다.

지금 김제시 만경읍 화포리 만경평야 넓은 들판에 성모암聖母庵이라는 암자가 있는데 이곳이 무자손천년향화지지 無子孫千年香火之地(자손 없이 천 년간 제사 올리는 곳)로 알려진 진묵 모친의 묘소이다.

진묵이 출가할 때 모친이 "나는 아들이 너 하나뿐인데 네가 출가하면 내 제사는 누가 지내 주느냐?"라며 걱정하자 "제가 천 년 동안 제사가 끊이지 않도록 하여 어머니 제삿밥을 올릴 테니 걱정하지 마세요."라고 모친을 안심시켰다.

모친이 돌아가자, 진묵이 직접 이곳을 묘지로 정하고 세상 사람들에게 모친 묘에 제사를 지내면 한 가지 소원은 꼭 들어줄 테니 향과 초를 올려 참배할 것을 권하였다. 그리고 스스로 다음 제문을 지었다.

열 달 동안 태중 은혜 무엇으로 갚으리오. 슬하에서 삼 년간 길러 주신 은혜 잊을 수 없습니다. 만 년 위에 다시 만 년을 더해도 자식의 마음에는 부족한데 백 년 생애에 백 년도 채우지도 못했으니, 어머니의 수명은 어찌 그렇게도 짧습니까? 노상에서 걸식하는 이 중은 말할 것도 없거니와 비녀를 꽂고 규중에서 출가 못 한 누이가 어찌 슬프지 않겠습니까? 제단에 올라 불공을 마치고 중들은 제각각 방으로 찾아 들어가고 앞산 뒷산 첩첩한데 영령은 어디로 떠나셨습니까? 아! 애달프다.

이 묘소에는 절절한 애환을 가진 자나 자손이 없는 참배객이 찾아와서 정성으로 예를 올리며 소원을 빌 뿐만 아니라 주위 지역민이 한 해의 풍년 농사 소원까지 빌고 있다. 그러므로 지금까지도 참배객이 끊임없는 만경평야 최고 명당이 되어 모친은 진묵의 말대로 배불리 제삿밥을 드시고 있다.

진묵은 기이한 신통력을 보이기도 했지만, 항상 가난한 민중과 더불어 어울렸다. 때로는 참선 수행으로 정진하여 속세를 벗어난 것처럼 보였지만 그의 마음은 언제나 민중 속에 있었다. 그들과 호흡을 같이했고 일생을 명리에 초연하여 대자유의 정신을 끊임없이 추구한 선사禪師였다.

【 참고 】

김방룡, 「설화를 통해 본 진묵 일옥의 삶과 사상」, 한국 불교학 제44집, 한국 불교학회, 2006.

part 6

•

알아두면 좋은 불교 상식

1

중국 불교 수난사

_ 3무 1종의 법난과 선종의 번창 _

종교는 피를 먹고 자란다고 한다.

초기 기독교가 페르시아·이집트·로마의 여러 토속종교와 대립하며 교세를 넓혀 나갈 즈음, 온갖 박해를 받고도 이를 극복해 나가는 지혜로운 사례를 우리는 기독교 수난사에서 많이 보아 왔다. 불교도 예외 없이 토속종교들과 대립하며 때로는 엄청난 박해와 훼불 등의 법난 과정을 거치며 오늘에 이르렀다.

아리안 종족은 기원전 2천 년 전 생활환경이 척박한 북방 코카서스 지방에서 유목 생활을 하다가 기후가 온화한

남쪽으로 이동하던 중 인도 쪽으로 이동한 인도 아리안족이 서북 인도 인더스 강변에서 생활하고 있던 드라비다 농경 부족을 정복하고 인도의 지배세력이 된 종족이다.

아리안 종족은 얼굴색이 희고 이목구비가 뚜렷하지만, 드라비다족은 얼굴색이 검고 콧대가 낮았다. 외래 아리아인들은 토착민들을 정복하여 상층 계급이 되고, 토착인들을 수드라라는 하층 계급으로 전락시켜 카스트 계급제도로 이들을 지배했다.

불교 탄생지인 석가국의 조상들도 인도 아리안족의 상층 계급 출신이다. 이 지배 계급의 왕자로 태어난 석가모니가 당시 사회의 브라만적 사상과 질서 체계에 반대하며 인생 무상과 인간 평등의 기치를 높이 들고 인도 사회 개혁의 불길을 지핀 종교 운동이 바로 불교다. 초기불교는 인도의 민속 종교의 하나인 브라만교와 대척, 동화하며 교리를 강화하고 교세를 넓혀 토속 종교와 어깨를 견줄 만큼 커나갔다.

5~6세기경 토속 종교였던 힌두교 세력이 강해져 브라만교가 한층 힌두화하고 교세가 급속히 늘게 되면서, 7~8세기경에는 육파철학 중의 상키아학파가 요가학파와 더불어 신구 두 브라만교의 신앙과 교리를 통합하여 신교 발전 운

동에 진력함으로써 인도는 힌두교 천지로 변하게 되었다. 그리고 근대에 와서는 300여 년간 이슬람교의 인도 침공으로 불교를 우상숭배교라고 심하게 폄하 훼불하여 불교는 인도에서 거의 교세가 없어질 정도가 되어 발흥지로서의 명성을 완전히 잃어버리고 말았다.

이러는 과정에서 불교는 동북쪽의 티베트 및 중앙아시아 쪽으로, 더 나아가 중국 쪽으로 세력을 옮겨 교리와 의식을 현지 종교와 적응 동화시키며 공존해 나갔다. 그 단적인 것이 현지어 전역 사업의 활발한 진행과 각종 불교적 빈민구제 사업의 전개와 격의불교의 탄생 등이다.

중국 후한에 불교가 전래된 이후 위·촉·오 삼국시대를 거쳐 서진과 동진, 그 이후 남북조 시대에 이르러 불경 번역의 대강이 이루어져(안세고安世高로부터 구마라집에 이르기까지) 외래 불교가 중국 사회의 정신적 기저에 자리매김하기 시작했다. 서진시대에는 도가적인 청담사상이 남북조에 풍미하고 있었는데 외래 불교의 공空사상이 민간에게 쉽사리 이해되지 않자, 현지에서 유행하고 있는 도가의 무無사상을 이용하여 일반인에게 불교 교리를 도가적인 방법으로 이해시키려 하는 경향이 나타나기도 하였다. 또한 현지의 가난하고 어려움에 처한 사람들의 구호에 앞장서서 이들과의 마음의 교류를 깊게 하여 교세를 넓혀 나가기도 하였다.

또한 불교는 중국 사회의 유교적인 제례형식을 각종 예불의례에 도입하기도 하였으며 도가적인 신선사상·칠성사상·삼성사상 등도 용인하는 관용을 베풀어 이들과 조화를 이루려고 부단히 노력하였다. 그러나 이러한 자기 부정적, 현지 동화적 노력에도 불구하고 외래 사상인 불교는 기존 민중 종교와의 충돌뿐만 아니라 여러 가지 정치, 사회적 소외와 거부를 겪으며 숱한 시련의 역사를 견뎌내지 않으면 되었다.

그 구체적 사례가 삼무일종의三武一宗 법난法難이다.

후대에서 왕의 이름에 무武 자가 든 세 명의 제왕과 종宗 자가 든 한 명의 제왕 때 일어난 훼불 사태였으므로 '삼무일종의 법난'이라고 칭하게 되었다. 이들 3무 1종의 제왕은 모두 요절하였는데, 업장의 무거움을 실감케 한다.

1) 북위 태무제의 법난

우선 북위를 건국한 탁발 씨의 대왕 도무제, 명원제는 본래 몽골의 선비 족장으로 있었는데 서한에 실크로드의 길을 열어준 공로로 중국의 심장이라 할 수 있는 화북 지방의 시골 대왕으로 임명되었다. 그러다가 인근 화북 지방의 작은 군벌 세력인 선비와 연 등을 통합시켜 북조에서 처음으로 선비족의 나라인 북위를 건국하였다.

당시의 불교는 북방보다 남방이 더 우세한 상황이었고 남방 불교는 시대 조류와 더불어 황제의 통치권을 벗어나 신앙의 자유를 만끽하고 있었다. 건국 처음에는 남방의 불교국보다 더 불교를 선호하여 궁정에서 각종 큰 불사를 일으키기도 하였다.

그러다가 도교를 신봉하는 북위의 태무제가 명원제의 뒤를 이어 등극하여 외몽골의 유연을 치고, 하나라와 북연을 차례로 멸망시키고 화북통일 사업을 완수한 후, 내정의 혁신을 크게 일으키려 하였다. 이때 종교정책으로 수도 대동에 도관道觀을 건립하고 불교를 통제하기 위해 승관제도 僧官制度를 도입하는 등 적극적으로 도교를 옹호하는 정책을 펼친다. 불교를 신봉하면서도 황제의 권력 아래 불교를 복속시킴으로써 남방 불교처럼 황제에게 무릎을 꿇지 않는 것을 용인하지 않는 정책을 구현하려는 것이었다.

이 정책을 펼친 이유는 북방민족과 한민족 간의 오랜 갈등과 불교와 도교와의 긴 논쟁이 밑바닥에 깔려 있었다. 태무제가 연호 시광을 태평 진군으로 바꾼 것은 도교로 개

종하겠다는 신호탄이었다. 그는 태조와 원제를 모셨던 한족의 명문 귀족 최호崔湖를 중용하였다. 최호는 도교 부흥에 일생을 바친 구겸지寇謙之의 영향으로 도교를 신봉, 제자가 되고 태무제도 최호와 구겸지의 건의는 무조건 받아들이는 열광적인 도교인이 되었다.

태평 진군 5년(444) 태무제는 구겸지의 건의를 받아들여 50세 이하의 모든 승려는 환속할 것을 조칙으로 명령하고, 2년 후에는 왕실은 물론 일반 서민들의 승려에 대한 공양까지 금지했다. 또한 당시 승가의 지도자인 현고玄高와 혜숭慧崇을 살해하고 태평 진군 7년에 관중 지방에서 일어난 개오의 반란을 진압하기 위하여 친정하던 중 장안의 한 사찰에서 반란군이 숨긴 병장기를 발견하고 그 절의 모든 불상과 경전을 불사르고 승려들을 생매장했다. 이어 전국의 모든 사찰의 불상과 경전을 불사르고 승려들을 죽이라고 명령했다. 법난의 극치였다.

혜교慧皎의 『고승전』에 의하면 "북위에 단 한 명의 승려도 존재하지 않았다."라고 한다. 한족 도사 구겸지는 호족의 지배 속에서 신음하는 문화 민족인 한족의 한을 잊지 않고 있는 민족 감정의 소유자였다. 그는 일생 도교 발전을 위해 노력한 사람이기도 했다. 한족의 대표인 최호가 3대

의 호족 공신임을 기화로 최호를 이용해 정복자 호족의 불
교 선호적인 정신을 다시 도가적인 중국 본연의 정신문화
로 바꾸려는 의도에서 호족이 받들던 불교를 척살한 것으
로 생각된다.

452년 태무제는 환관 종애崇愛에게 44세의 나이로 급살
을 당한다.

2) 북주 무제의 법난

태무제 사후 북위는 화북지역의 통일 여세로 수도를 대
동에서 낙양으로 옮겼다. 그리고 선비족의 한족화를 촉진
시켜 오랑캐 복식과 오랑캐 언어를 금지하고 황족의 성씨
도 탁발에서 원씨로 바꾸었다. 정치적으로도 한족의 통치
제도인 봉록제·삼장제·균전법 등을 도입함으로써 북위의
국력과 문화는 크게 발달하였다.

그러나 선비족으로 대표되는 북방 호족의 강건한 상무
정신이 쇠퇴하고 남방 문화의 사치스럽고 문약한 경향이
일어나서 불교와 유교를 존숭하고 사탑 건립에 국비를 남
용하여 국정이 문란해짐으로써 마침내 서위와 동위로 국
가가 분열되었다. 서위를 이은 북주의 무제에 이르러 불교
는 북위 폐불 사태 이후 120여 년 만에 다시 훼불사태를

맞는다.

북주의 무제는 즉위 초에는 불교를 신봉하였으나 점차 도가에 기울어졌다. 마침내 무제 건덕 3년(574)에 중국 역사상 두 번째 큰 법난이 일어났다.

이때의 상황을 보면 당시 불교 사원과 승려의 수가 날로 늘어 국가의 세수가 감소함으로써 국가 경제가 크게 위협을 받는 상황이었다. 이에 환속 승인 위원숭衛元嵩이 나라의 경제 재건을 위하여 폐불을 상소하고 여기에 도사 장빈張賓이 동조하여 사태를 키웠다. 도교를 신봉하고 내심 불교를 배척하고자 했던 무제는 폐불의 구실을 찾기 위하여 백성들의 여론을 도교에 유리하게 조성하는 한편 7차에 걸쳐 조정에 문무백관·승려·유학자·도사들을 모아 놓고 이들이 각기 신봉하는 유불도 3교에 대하여 우열을 논의하도록 토론장을 벌였다.

그 토론 과정에서 불교 승려는 도가의 도사들을 논쟁에서 모두 이겨 도가우위의 빌미를 찾을 수가 없게 되었다. 그러자 무제는 574년 우격다짐으로 불교와 도교를 금지하고(실제로는 암암리에 도교는 보호 조치를 취하여 불교만 금지되는 폐해를 입었다.) 경전과 불상 등을 모두 없애며, 승려와 도사의 환속을 명하고, 사원과 도관의 모든 재산을 몰수하고 이를

인생 백년 절집 반나절 쉼만 못하다

황실에 희사하라는 조칙도 내렸다.

또한 불교와 도교의 이름난 사람 120명을 선정하여 통도관학사라 명하여 불교 지도자를 나라에서 한정 승인함으로써 불교의 명맥만 유지하도록 하였다. 577년 북제를 멸하고 화북지역을 통일시킨 무제는 화북 전역에 불교를 금하였다. 이는 통일 북주의 사찰 수가 3만을 넘었고 승려 수가 200만을 넘어 이들 모두가 면세 대상이므로 세수 결손으로 국가 경제에 크나큰 위협이 되었기 때문이기도 하였다.

이 법난으로 북방의 불교인들이 남방으로 피신함으로써 이때부터 북방의 불교세력이 더욱 약화되고 남방의 불교가 불교계에 주류로 자리 잡게 되었다.

무제는 통일 후 진나라를 공격하러 출병 중 34세의 이른 나이에 병사했다.

3) 당 무종의 회창훼불

남북조에서 비록 무서운 법난이 일어나기는 했지만 불교는 계속 발전을 거듭하여 수나라와 당나라 때에는 유교, 도교와 함께 중국 불교의 위치 정립이 이루어지기 시작하였다. 외래 종교인 불교는 우선 전통문화와의 갈등을 최소화하기 위해 도가적인 산신각과 칠성각, 삼성각도 사찰에 들여오는 유연성을 보였다. 출가 문제에 대해서도 여러 명의 아이 중에서 한두 명 정도의 출가를 대수롭지 않게 여겼기 때문에 집안에서 사내아이의 출가를 부러운 눈으로 보기도 했다.

종교 권력은 늘 황제의 권력에 복종하며 극적으로 협력하는 모습이었다. 동진의 고승 도안道安은 "군주에 의지하지 않고는 번역 불사를 추진하기 어렵다."라고 하여 제자들로 하여금 황제에게 머리 숙이고 무릎을 꿇으라고 하며 그 일을 당연한 것으로 생각하였다. 그러나 제자 혜원은 '사문불경왕자론'으로 반대하였으나 대세는 아니었다.

당나라 때의 도교는 황실의 성씨가 노자의 성씨와 같은 이씨라는 종친의식이 있어 개국 초부터 황실의 비호를 받게 되었다. 또한 육수정陸修靜·도홍경陶弘景·성현영成玄英 등의 걸출한 도사들이 도교 발전에 헌신함으로써 사회 각 분야에 도교적 사상이 깊숙이 스며들어 민족종교의 지위가 확고해졌고 현종 때에는 거의 국교에 이를 만큼 되었다.

이처럼 당대에는 유불도 3교의 자유로운 정립이 이루어져 각기 많은 발전을 이루며 공생하였다고 볼 수 있으나 도교는 불교계와 끊임없는 논쟁을 불러일으키며 선후의 다툼을 벌였다. 도교의 불교 공격은 마침내 무종(814~846) 회창 연간에 극에 달했다. 이를 '회창폐불(毁佛)'이라 하여 법난 중 최악으로 회자된다.

회창폐불의 전조 현상은 오랜 역사가 있었다. 당 건국 초기 태사랑 부혁(傳奕)은 노자를 깊이 연구한 사람으로 불교의 사상적 위험성을 역설하며 당의 사상적 기초가 불교가 되어서는 안 된다는 척불론을 드세게 제기하였다. 그에 따라 위정자가 불교로 기우는 것을 경고하는 지식인이 당대 초기에는 줄을 이어 나타났다.

9세기 무렵 당송 8대가의 한 사람인 성리학자 한유(韓愈)는 『논불골표(論佛骨表)』와 『원도(原道)』 등에서 불교가 북방 오랑캐의 가르침이라고 헐뜯으며, 중국 사회에서 멀어져야 한다고 주장했다. 게다가 당시의 불교 세력은 황궁 세력과 맞먹을 정도로 비정상적으로 비대해져서 세력 약화를 도모해야 할 현실적 필요성이 제기되고 있었다.

당 무종은 14대 문종의 동생으로 840년 문종이 죽자, 왕족 이덕유와 환관 어홍지와 구사량 등의 추천으로 황제가 되었으나 실권은 이들이 수렴청정하고 있었다. 그러나 어리지만 영민한 무종은 이들을 잘 이용하여 내정을 개혁하고 밖으로 위구르족을 격퇴하여 국가를 크게 부흥시킨 개혁 군주가 되었다. 그는 조귀진 등의 개혁 세력이 도교에 기울어져 있어 개혁 도사들을 중용, 그들의 외래 종교 배척론을 당면 정책으로 펼쳐나갔다.

마침내 즉위 5년 무종은 당시 사회와 국가 경제에 해를 끼치고 비대해진 외래 종교 즉 불교·경교(기독교의 네스토리우스파)·현교(조로아스트교)·마니교(이란, 위구르의 국교)를 금지하는 '회창의 폐불'을 단행한다.

이 네 종교의 승려는 승려가 되기 전 범법자이거나 승려가 된 후 수행을 게을리한 자는 모두 환속시키고 그들의 재산은 몰수하며, 모든 사찰의 순례를 금하며, 사액이 없는 사찰은 폐사시키고 소속 사찰의 승려는 환속시키며, 환속 승려에게는 특별 조세를 부과하며, 폐사의 불상과 불구는 농기구나 병장기로 사용토록 하였다.

이때 폐사된 사찰이 4,600여 군데이고 환속 승려의 수가 26만여 명, 수천만 경의 토지가 국가로 몰수되고, 사노 15만 명이 해방되었으며, 낙양과 장안에 4개의 사찰만 남았다고 하니 가히 불교의 씨를 말려버린 셈이었다.

이 법난 사태로 세력이 미미했던 경교와 현교는 중국에서 자취를 찾기 힘들어졌고 마니교는 서북쪽으로 가서 밀교로 겨우 명맥을 유지하게 되었다. 또한 이 법난으로 중국 불교계에서도 구조적 변화가 일어났다. 즉 왕성하던 북방 불교가 남방으로 피난하여 남방 불교의 흥융을 자극하고, 사원과 경전이 거의 소멸한 상황이어서 교종이 주류였던 중국 불교계에서 불립문자 견성성불의 기치를 들고 있던 선종이 점차 주류로 자리바꿈을 하게 된다.

무제는 훼불사태 이듬해(846) 연홍술錬汞術에 능한 조귀진이 올린 불로장생의 수은 함유 비약을 복용하다가 33세로 요절하고 17대 선종이 무종의 뒤를 이어 등극하여 조귀진을 참살하고 폐불 사태를 수습하였다.

4) 후주 세종의 법난

마지막 법난은 회창폐불 후 혼란기였던 당 멸망(907)으로부터 송 건국까지(979)의 오대십국五代十國 시대의 후주 세종 때 일어났다. 세종(921~959)은 중국의 오대 후주 2대 황제로서 태조 곽위의 양자였다. 34세에 등극하여 양쯔강 이북의 화북 지방을 거의 통일하고 더 나아가 북방의 요나라까지 정복하려 한 야심가였다.

내치도 농업과 산업을 장려하여 국가와 서민의 생활을 윤택하게 하였고 조세를 공평하게 하여 민심을 얻었다. 또한 각종 법령을 정비하여 국가 체제를 강화하고 법 집행을 엄격히 하여 오대 황제 가운데 가장 걸출한 개혁 황제로 명명되고 있다.

세종은 즉위 2년(955) 오대의 교체로 인하여 궁핍해진 국가 재정의 회복과 통일 사업의 비용 충당을 위해 첫 조치로 전국의 사찰을 폐사시켰다.

그는 승려가 되려는 사람은 친족의 허가 없이는 출가를 금하고, 국가로부터 도첩을 받아야만 삭발 수계가 가능하게 하였으며, 수계 승려들의 사찰 왕래를 엄격히 하고, 출가자는 일정 분량의 경전을 암송할 수 있어야 승려 자격이 유지되는 승려 통제 정책을 시행했다. 무제는 이들 폐사의 재산을 몰수, 불상과 불구를 녹여 주통전으로 주조하여 국가 재정에 충당했다. 당시 이 조치에 해당하는 폐사가 3,336개소이고 남은 사찰 수가 2,694개소, 합법적인 스님 수가 61,200명이라 하니 그 규모가 놀랄 만하다.

무제는 황제 등극 후 6년, 북방 정벌 중 38세에 요절했다.

세종이 요절하자 세종의 명을 받아 북방을 정벌하던 조광윤이 하루아침에 신하들의 추대로 황제로 등극, 송을 건국하고, 중화는 새로운 유교의 나라로 변모한다.

마침내 법난은 멈추었다.

불교는 인도에서 생겨나서 거의 600여 년 후 1세기 중반 중국으로 유입되어 삼무일종의 법난을 겪는 900여 년 동안, 세속 특히 황권에 순응하며 전통 종교인 도교, 유교와 선후를 다투면서도 명맥을 보전해 나갔다. 그리고 불교적 탄성으로 발전을 거듭해 중국 대승불교라는 독특한 위상을 정립시켰다.

앞에서 당시의 법난의 원인과 그 결과를 해당 법난에 따라 설명한 바가 있지만 종합적으로 보아 몇 가지 공통적인 원인을 도출할 수 있고 그 결과로 중국 불교는 새로운 방향이 제시되었다고 볼 수 있다.

법난이 시대적으로 일어난 공통적 이유는 첫 번째, 정치 지도자의 정치적 지배체제의 확립 의지가 당시의 사회개혁을 통해야만 이루어질 수 있는 상황이었기 때문이다.

두 번째로 토속 종교, 유교와 도교가 외래 종교 특히 불교와의 우열을 끊임없이 다투었고 이에 따른 반발이 계속 일어났다는 것이다.

세 번째로는 불교의 교세가 강해져 불교 재산이 크게 증식되고 승려의 특권이 늘어나자, 반대로 국가 세수와 사회적 노동력과 병역 인구의 부족을 초래하여 국력이 저하

되는 현상이 일어나게 되었다는 점이다.

네 번째로 교단 내부의 부정부패가 도를 넘쳐 외부의 자극이 없이는 내부의 곪은 상처를 스스로 정화할 수 없는 상황으로 내몰린 불교 자신의 업보가 법난을 불러일으켰다고 볼 수 있다.

이러한 여러 가지 원인으로 일어난 법난은 중국 불교사에 미치는 영향이 아주 컸다고 볼 수 있다.

첫 번째, 불교·유교·도교 3교는 다른 교리 속에서 종교적 발전을 해왔지만 외래 종교인 불교는 시대적 상황과 필요에 따라 토속 종교와 동화하면서 인도의 초기 불교적 색채에서 완전 새로운 색채를 띤 중국적 불교로의 상생 전환을 모색한 것을 들 수 있다.

인도 불교적인 영원성불 사상에서 중국적 돈오성불 사상의 개발, 현실에서 벗어난 산속 수행에서 대중 친화적 도시 수행과 구휼 종교로의 변화, 유가의례와 불가의례의 상호 교접, 격의불교를 통한 양교의 교리 상생 등에서 중국화 된 실례를 볼 수 있다.

두 번째는 북방불교가 남방불교로 중심을 이동한 것이다. 후한으로부터 동진까지의 불교경전 번역 시대에는 화북지방의 쟁패 시기였으므로 황제 세력과 궤를 같이한 불교도 북방에서 세력이 강했다고 할 수 있다. 그렇지만 동진 중반으로부터 혼란의 시기였던 남북조 시대에 법난이 자주 일어나 상무적인 북방불교의 씨를 말려버렸으므로 이를 피해 남방으로 불교의 주력이 이동해 예봉을 피하며 은둔 발전한 것이다.

세 번째는 교敎와 선禪 두 종파 중심으로 발전하고 있던 중국불교가 선종 중심의 불교로 그 방향을 바꾼 것이다. 법난은 강력한 물리적 강제력이 동반됨으로써 교종의 토대인 사찰·불상·불구·경전이 거의 소멸하게 되었다. 이러한 상황에서 경전이 없어도 언제 어디서나 마음으로 깨달음만 얻으면 해탈할 수 있다는 선종 계통이 살아남기가 수월했고, 또한 선종계에서는 자력·청규·계율을 권장한 것도 무시무시한 고난의 시기를 이겨내는 데 유리했었다고 볼 수 있다.

【 참조 】
김승동 편저, 『불교사전』, 민족사.
"삼무일종법난", 《나무위키》, 2022. 11. 1.

2

스님에서 황제로 환생한 순치 황제

_ 인생 백년 절집 반나절 쉼만 못하다 _

순치 황제의 이름은 푸림(복림福臨) 후금의 황제 누루하치 (노이합적努爾哈赤)의 손자이고 후금의 2대 황제이자 대청의 첫 번째 황제인 숭덕제 홍타이지(황태극)의 아홉 번째 아들 이며, 청나라 제3대 세조世祖다.

천하가 모두 자신의 것이라는 만승황제 보위를 8세 어 린 아들에게 선양하여, 천 년에 한 번 나올까 말까한 위대 한 강희대제를 탄생시켜 대청 제국의 위업을 이룩하게 한 무소유의 아버지다. 마치 조선의 태종처럼. 전생에 인도의 노스님이었다가 왕의 행렬을 보고 왕이 되고 싶다고 했다가 황제로 환생했다고 그의 자작시에 적고 있다.

후금 오랑캐의 황제인 홍타이지는 정묘년(1627)에 명나라를 치는 데 후방 조선이 걸림돌이 되므로 패륵(부장部長, 상위 귀족 직책) 아민을 파견하여 압록강을 건너 조선을 치게 한 후 정묘조약을 맺고 철수하였다.

그 후 다시 9년 만에 청나라 태종으로 등극하여 군신 관계를 요구하며 조선 친정에 나섰다. 그는 1636년 섣달에 청군 7만, 몽골군 3만, 한족군 2만의 12만 대군으로 심양에서 출발하여 조선을 침략했다. 임경업 장군이 백마산성에서 잘 지켜냈지만, 청군은 우회하여 한양으로 침입함으로써 임금이 남한산성으로 몽진, 45일간 항전하다가 우리 역사에서 삼전도의 치욕을 불러온 병자호란의 주역이다.

명나라를 무너뜨리고 중화 통일 대업을 이룩하려고 온 힘을 쏟던 홍타이지가 1643년 송금 전투에서 마침내 명을 격파하였지만, 아직도 할 일이 많이 남은 그가 유조도 없이 뇌졸중으로 갑자기 쓰러졌다.

아우 예친왕 다이산(대선代善)과 아우 예친왕 다르곤(다이곤多爾袞), 장자 숙친왕 호오거(호격豪格) 등이 황위 쟁탈을 위한 귀족 회의를 열어, 피나는 싸움 끝에 홍타이지의 적손 가운데 가장 나이가 많은 푸림이 여섯 살에 황제로 등극하고 숙부와 형제들 네 명이 좌우 섭정을 맡게 된다.

섭정 중 가장 강력한 힘을 가졌던 다르곤 예친왕은 내란 수습의 명목으로 만주에서 산해관을 넘어 명의 수도 북경까지 원정하여, 명을 무너뜨리고 명실상부한 중원 통일을 이루어 어린 조카를 통일 중국의 황제로 존재감 있게 만든 걸출한 인물이다. 그러나 섭정 기간 황제를 무시한 절대 권력을 행사하였으므로 숨을 죽이고 이를 지켜보던 어린 조카 황제의 억울하고 아니꼽던 속마음까지는 잘 몰랐던 것 같다.

절대 권력자인 다르곤 섭정이 1650년에 갑작스러운 병으로 죽자 14세 어린 순치제는 섭정 정치에서 벗어나 군권을 장악하고 실질적인 권력을 행사하기 시작하였다.

특히 그는 명나라 황제의 권한을 승계한 정통 중화 황제의 권위를 더욱 강화하려 하였고, 평소 숭배하는 명 태조 주원장이 펼쳐 보인 명의 제도와 문물을 그대로 답습 발전시켰다. 그리고 명나라 관리와 학자들을 우대하고 그들의 의견을 받아들였으며 이민족 인사들의 귀화를 장려하여 청나라가 대국임을 과시하였다.

1657년 순치제는 북경에 있는 남해자(지금의 남원南苑)를 순행하다가 임제종 고승 감박 성총憨璞性聰 선사의 설법을 듣고 불교에 귀의해 점차 참선에 관심을 가지기 시작하였다. 순치제는 감박 성총 선사를 왕사로 책봉하여 황궁 출입을 자유롭게 하고 그와 깊은 인연을 맺어 불도에 심취하게 된다. 아마도 그는 평소에 숭앙해 마지않던 승려 황제 명 태조 주원장처럼 황제보다는 승려가 어울리는 사람이었던 것 같다.

순치제는 정치적으로 자신이 의지할 곳을 알지 못했고, 어머니와 숙모가 강제하여 혼인시킨 몽골계 황후들과의 불화로 인하여 심란할 즈음 한 여인을 만났다. 그녀가 동악董鄂이다. 그녀는 만주 정백기 출신으로 황제와 나이도 생각도 비슷하며 취미도 같아, 순치제의 속마음을 꿰뚫을 뿐만 아니라 그의 공허함을 어루만져 주는 사랑을 받기 합당한 여인이었다.

순치제는 유난히 그녀를 총애하였는데 그녀가 1660년(순치 17년)에 죽자 황후로 추서하려고까지 하였다. 그러나 대신들의 심한 반대로 뜻을 이루지 못하자 정사에서 손을 놓고 불도에 몰입, 이듬해 순치 19년에 황위를 어린 셋째 황태자 현엽玄燁(후일의 강희제)에게 물려주었다.

순치제의 죽음에 대해서는 병사설도 있고 출가설도 있다. 우선 정사에는 1661년 2월 5일에 24세의 나이로 천연

두로 사망, 화장하였다고 병사설을 기록으로 남겼다.

그러나 그의 사망의 계기를 혹자는 동악 후궁으로 돌리는 견해가 많다. 그가 승하한 날이 동악 후궁이 죽은 날로부터 100여 일 후였기 때문이다. 그는 동악 후궁을 만나기 전에는 방종한 호색가였다. 그러나 동악을 만난 후부터는 동악 바라기로 바뀌어 그의 몰애적 사랑의 상실에 따른 실망감이 사망의 원인이 되었다고 보는 것이다.

순치제는 동악의 죽음으로 인하여 어전 조회를 5일 동안이나 걸렀고, 장례를 치르는 날에는 친히 제문을 읽으며 눈물을 쏟았다. 또한 무작정 따라 죽겠다고 할 만큼 상심이 컸던 데다가 궁정의 복잡하고 피곤함까지 겹쳐 스스로 목숨을 끊지나 않을까 하는 대신들의 걱정이 태산 같았다.

비록 순치제가 역사서에는 재위 10년 만에 승하한 것으로 기록되어 있지만 후세에서는 그가 대청 만승천자의 보위를 헌신짝처럼 내던지고 산둥성 금산사의 부목*이 되어 80여 세까지 살았다고도 한다. 이것은 순치 황제의 출가시 出家詩를 보면 재위 18년 되는 해에 입산하여 스님이 된 것으로 직접 술회해 놓았기 때문이다.

◇◇◇◇◇

* **부목負木** : 절에서 나무를 하는 직책 또는 스님.

그는 이 시에서 황제가 된 전생의 인연, 18년간의 부자유한 궁중 생활, 덧없는 이승, 진리를 깨닫기 위한 입산 모습 등을 솔직히 풀어 놓았다. 이 출가시는 불가에서 널리 회자하는 수행 법문이 되었다.

수행자들은 이 시를 읊으며 최고의 황제 자리까지 박차고 택한 선승의 길이 얼마나 인생에서 값진 길인가를 생각하며 수행의 의지를 다잡았으리라고 생각된다.

여기 그 자작시를 음송해 본다.

천하총림반사산天下叢林飯似山
발우도처임군찬鉢盂到處任君餐
황금백벽비위귀黃金白璧非爲貴
유유가사피최난惟有袈裟被最難
천하가 절간이고 밥은 산처럼 쌓였으며
사나이 밥그릇은 가는 곳마다 있네.
황금과 흰 구슬만 귀하다 하지 마오.
오직 가사 걸치는 게 무엇보다 어려우이.

짐내대지산하주朕乃大地山河主
우국우민사전번憂國憂民事轉煩

백년삼만육천일百年三萬六千日

불급승가반일한不及僧家半日閑

황제로서 곧 천하의 주인이었지만

나라와 백성 걱정에 만사 괴로워 뒤척였네.

인생 백년 삼만 육천 날 긴 세월이

절간의 반나절 쉼만 못했네.

회한당초일념차悔恨當初一念差

황포환각자가사黃袍換却紫袈裟

아본서방일납자我本西方一納子

연하유락제왕가緣河流落帝王家

애초 부질없는 한 생각 한탄하며

곤룡포를 가사로 바꿔 걸쳤네.

내 본래 천축의 한 스님이었고

어떤 인연 흘러 제왕 계보에 올랐네.

미생지전수시아未生之前誰是我

아생지후아위수我生之後我爲誰

장대성인재시아長大成人纔是我

합안몽롱우시수哈眼朦朧又是誰

태어나기 전 무엇이 나였으며
태어난 후 나는 누구런가?
자라서 어른 되어 겨우 이게 나라더니
눈 한 번 흐리니 또 이게 누구런가?

백년세사삼경몽百年世事三更夢
만리강산일국기萬里江山一 局碁
우소구주탕벌걸禹疏九州湯伐傑
진탄육국한등기秦呑六國漢等登基
백년 세상일이 하룻밤 꿈이고
만리 강산이 한판 바둑판이네.
우 황제는 천하를 구주로 나누었고 탕은 걸을 내쳤으며
진시황은 육국을 정벌했고 한 고조는 기틀을 닦았네.

아손자유아손복兒孫子有兒孫福
막위아손작마우莫爲兒孫作馬牛
고래다소영웅한古來多少英雄漢
남북동서와토니南北東西臥土泥
자손들은 제 살 복을 타고났으니
자손 위한다고 마소 노릇하지 마오.

예로부터 많고 적은 영웅들이
사방 천지 한 줌 흙 속에 누워 있네.

래시환희거시비來時歡喜去時悲
공재인간주일회空在人間走一回
불여불래역불거不如不來亦不去
야무환희야무비也無歡喜也無悲
올 땐 웃음 갈 땐 눈물
헛된 이승 한 번 돌고 가는구나.
애당초 안 왔으면 갈 것도 없거늘
기쁨이 없었는데 슬픔 인들 있을 손가?

매일청한자가지每日淸閑自家知
홍진세계고상리紅塵世界苦相離
구중흘적청화미口中吃的淸和味
신상원피백납의身上願被白衲衣
날마다 느끼는 한가로움이 내 집인 줄 알았는데
번잡한 세상에서 고통을 서로 잊는구나.
입에서 잠시 씹고픈 것은 담백한 절간 음식이고
몸에 걸치고픈 것은 누더기 한 벌뿐

오호사해위상객五湖四海爲上客

소요불전임군서逍遙佛殿任君棲

막도출가용이득莫道出家容易得

석년누대중근기昔年累代重根基

오호 사해를 노니는 귀한 손님 되듯

부처님 도량에 사나이 맘대로 살고 지고

도를 위한 출가 쉽다고 하지 마오.

누대에 걸친 선근 없이는 안 된다오.

십팔년래부자유十八年來不自由

산하대전기시휴山河大戰幾時休

아금철수귀산거我今撤手歸山去

나관천수여만수那管千愁與萬愁

18년간 자유라고는 한 치도 없었고

전국 큰 싸움판에 어찌 쉴 틈이 있었으랴.

내 지금 손 털고 절로 들어가니

천만 가지 근심 걱정 내 알 바 아니라네.

이 시는 순치 황제의 자작시로 알려져 있고, 출가를 꺼리거나 두려워하는 재가자나 수도자들에게 이 시가 제왕도 마다하지 않는 출가라고 하여 수행시로 널리 보급되었다고 한다. 그러한 만큼 순치제가 24살에 천연두나 뇌졸중으로 죽었다는 기록을 어찌 믿을 수 있겠는가?

일설에는 순치 황제가 금산사에서 부목이 되어 이 시를 지으면서 승가 생활을 하고 있을 즈음, 8살에 제4대 청 황제로 등극한 어린 강희 황제가 아버지가 그리워 절 방을 찾아왔었다고 한다. 그러나 순치의 방에는 "짐과차朕過此*"라는 글귀만 남아있고 아버지는 어디 계시는지 알 수 없었다고 한다. 아마도 그는 곤룡포를 벗고 속세에서 지은 수많은 업장을, 등에 진 나뭇단을 정지(부엌)에 풀듯 애써 부자 간 천륜의 인연을 내린 것이리라.

◇◇◇◇

* **짐과차朕過此** : 내가 이곳을 지나갔노라.

3

빔비사라왕, 불교 제1 공덕주

_ 자신을 굶겨 죽인 아들을 사랑한 왕 _

"괴로움은 집착에서 비롯한다. 괴로움과 괴로움의 발생 원인을 바로 보고 그 실체를 알게 되면 괴로움은 없앨 수 있다. 이것이 바로 괴로움에서 벗어나는 길이다."

붓다의 이 법문을 듣고 왕은 그의 다섯 가지 소원**을 하나하나 여쭈면서 붓다 앞에 무릎을 꿇고 말했다.

◇◇◇◇◇

** **다섯 가지 소원** : 빔비사라왕이 왕자였을 때의 다섯 가지 소원으로, 첫째는 왕위에 오르는 것, 둘째는 본인이 통치하는 왕국에 깨치신 자인 붓다께서 오시는 것, 셋째는 붓다께 공양 예배를 올릴 수 있는 것, 넷째는 붓다의 가르침을 듣는 것, 마지막은 붓다의 가르침을 완전히 이해하고 자신도 깨달음을 얻어 아라한과에 드는 것이다.

"붓다여, 저를 제자로 삼아 주십시오."

인도 최강국 마가다국의 절대군주 빔비사라왕이 붓다께 귀의하는 모습이다.

사실 빔비사라왕과의 만남은 이번이 두 번째다. 붓다께서 정각을 이루기 전 우루빈나촌에서 교진여 등 다섯 비구와 침식을 잊고 주야로 해탈의 진리를 얻기 위하여 6년이라는 긴 시간을 앉아 고행하셨다.

그때 신체가 고목처럼 갈라지고 피골이 서로 맞닿아 기력이 없어 혼절할 때가 많았지만 태자의 구도 수행의 명성이 높아져 수행 중인 태자를 찾아오는 사람들이 수없이 많았다. 그 중 한 사람이 24살의 마가다 국왕 빔비사라왕이었다. 그는 고행 수도 중인 태자에게 바른 정치로 마가다국을 자신과 같이 반반 나누어 다스려 봄이 어떠냐고 제의했다.

태자가 "세상의 쾌락과 욕망에서 고통을 이미 보았다."라며 거절하자, 언젠가 태자께서 깨달음을 얻은 후 자신이 통치하는 왕국에서 다시 만나 "진리의 말씀"을 듣기로 약속한 적이 있었다. 그로부터 세월이 흘러 7년이 지나 이제 두 번째 만남이 이루어지게 된 것이다.

빔비사라왕은 기원전 6세기 중반 샤이슈나가 왕조의 5

번째 왕으로 15세에 왕위에 올라 54년간 마가다 왕국을 통치했다. 왕위에 오르기 전 마가다국은 인도 16국 중에서도 앙가국의 속국이나 다름없는 약소국이었다. 그런데 빔비사라 태자가 등극하여 인근 앙가국의 수도 참바를 점령하여 앙가국을 멸망시키고 영토를 마가다국에 병합시킴으로써 마가다국을 강대국으로 변모시켰다.

수도를 라자그리하(왕사성)로 옮기고 왕궁을 대대적으로 건설하여 국위를 높였으며 정략결혼을 통해 주위 나라와 동맹을 맺어 주변국들과 화친을 도모하여 오랜 기간 평화를 유지하였다.

인접 코살라국의 마하 코살라 왕의 딸이며 파세나 코살라 왕의 누이인 코살라 대비가 첫째 아내이고 둘째 아내가 왕족인 케마 왕후다. 케마 왕후는 붓다의 제자가 되어 비구니 교단의 제일 지위에 오른 분이다. 셋째 왕비가 베데히 성 출신의 공주 위제히 왕비다. 위제히 왕비와의 사이에서 난 아들이 왕위를 이어받고도 아버지를 굶겨 죽인 아자타삿투(일명 아사세) 태자다

빔비사라왕이 붓다를 두 번째 뵐 때는 붓다가 정각을 이룬 후 초전법륜을 마치고 가섭 3형제와 1,000명의 제자를 이끌고 마가다국의 수도 왕사성에 이르렀을 때였다. 우

루빈나 촌에서 수행할 때 태자와 국왕 간에 왕사성에서 만나 진리의 법문을 들려주기로 한 7년 전의 약속을 지키기 위해서 여기로 온 것이다. 왕성 근처까지 마중 나온 왕과 붓다의 재상봉은 앞의 글에서 이야기한 것처럼 왕의 불교 귀의로 시작되었다.

왕은 붓다와 제자들을 궁중으로 모셔서 식사한 후 붓다의 교화 장소가 불편하니 자신이 다람쥐 공원으로 쓰고 있는 곳을 사용하는 것이 어떠냐고 제안하였다. 붓다의 승낙을 받은 후 가란타 장자의 소유인 대나무 숲 공원에 죽림정사를 지어서 시주하므로써 불교 제1호 시주자가 되었다.

교단은 이 죽림정사를 설법·전도·회의·수련·안거 등의 도량으로 잘 활용함으로써 초기에 교세를 원활하게 확장할 수 있었다. 만일 빔비사라왕과 같은 절대군주의 도움이 없었고 수련장으로서의 죽림정사를 시주받지 못했더라면 전통 종교와 수많은 외도가 득세하던 인도 사회에서 신권 종교인 브라만교와 대척 관계였던 불교가 생존하기 힘들었을 것이다.

더욱이 카스트라는 계급이 엄존하는 사회에서 천민까지 신도로 받아들인 신흥 종교인 불교가 사회적으로 수용되고 합당한 대우를 받을 수는 없었을 것이다. 그러므로 붓다를 적극적으로 후원한 빔비사라왕은 초기 불교 발전의 최초이며, 최고의 공로자라 하여도 과언이 아니다.

빔비사라왕은 백성들을 사랑하고 신앙심이 깊은 군주였지만 전생의 악업으로 말년에 슬프고도 고통스러운 생을 마감했다.

그 고통스럽고 슬픈 이야기는 이러하다.

건국 당시시에는 비록 소국이었으나 잉가국을 정복하고 대국으로 변한 마가다국은 부유하고 강대해졌다. 백성들이 화목하고 충성심도 높아 정복왕 빔비사라왕은 통치에 아무런 어려움이 없었다. 다만 첫째 둘째 왕비에게서 대를 이을 왕자를 보지 못하는 것이 국왕과 주위의 걱정거리였다.

걱정에 찬 왕이 용한 점성가에게 찾아가서 물었더니 근처 비후라성에 사는 한 선인이 3년 후 죽어서 셋째 위제히 왕비를 통하여 왕자로 환생할 것이라고 하는 예언을 받았다. 태자를 기다리는 데 조급했던 왕은 3년을 기다리지 못하고 자객을 보내 그 선인을 살해해 버렸다. 그런데 선인은 죽기 전에 주위 사람에게 말하기를 "왕이 나를 죽일 것이다. 내가 다시 태어나 왕의 자식이 되면 내가 다시 왕을 죽이게 될 것이다."라고 하며 죽음을 맞이했다고 한다.

얼마 후 셋째 왕비 위제히가 아들 아자타삿투(일명 아자세)를 낳자, 선인의 예언을 믿고 있는 왕비는 왕실의 안위를 위하여 아이를 누각에서 떨어뜨려 죽이려고 하였다. 그러나 새끼손가락만 부러지고 살아남았다. 그런 중에도 아이는 무럭무럭 자라 청년이 되고 왕위에 오를 시기가 다가왔다.

천성적으로 정치적이고 권력욕이 남달랐던 아사세 태자는 왕위 계승에 아무런 문제가 없었지만 늙은 아버지로부터 일찍 왕위를 물려받지 못하여 안달이 나 있었다. 이때 마침 붓다의 후계자가 되려고 안달이 난 붓다의 사촌 동생 제바달다의 유혹에 빠져 붓다 살해 계획에 협력하고, 부왕을 살해하여 왕위를 강제로 뺏으려 모의했다.

그러나 이 기미를 알아차린 부왕에게 체포되어 모의는 실패했다. 성품이 자비롭고 하나뿐인 아들을 지독히도 사랑하는 아버지 빔비사라는 반역 모의를 한 아들을 벌주는 대신에 도리어 왕관을 벗어서 아들의 머리에 씌어 주며 왕위를 선양했다. 권력에 눈먼 아들은 왕위에 오르자마자 처음 모의하던 대로 아버지를 감옥에 가두어 굶겨 죽이려 했다.

그의 어머니 위제히 왕후만 옥중 면회가 허락되었다. 왕비는 처음에 허리춤에 몰래 음식을 감추어 굶고 있는 왕

인생 백년 절집 반나절 쉼만 못하다

에게 넣어 주었으나 곧 아들 왕에게 발각되었다. 이번에는 머리댕기 속에 숨겨 넣었으나 이번에도 들키고 말았다. 이 렇게 제지하는 아들이 있음에도 위제히의 남편에 대한 사 랑은 극진했다. 왕비는 향기로운 물에 목욕한 후 꿀과 물 소 젖으로 만든 버터와 당밀을 섞어서 온몸에 바르고 감옥 으로 가서 남편에게 자신의 몸을 핥게 하였다.

그러나 이를 용케도 알아차린 못된 아들 왕은 이마저도 막았다. 그뿐만 아니라 왕비의 옥문 출입까지 막았다. 빔비 사라왕은 음식이 들어오지 않아 영양을 취하지는 못했지 만, 성인의 수련 제1단계인 수다원 예류과에 들어갔으므 로 천천히 옥중을 거닐면서 정신적으로 편안함을 누렸다.

이를 눈치 챈 아들 왕은 아버지의 목숨을 끝내야겠다고 작정하고 이발사를 시켜 왕의 발바닥 가죽을 벗겨 소금을 치고 기름을 발라 벌겋게 타오르는 숯불 위를 걷도록 지시 했다. 인자하고 신앙심 깊었던 빔비사라왕은 이렇게 서서 히 고통을 받으며 죽음의 길을 지나가고 있었다.

아버지 왕이 죽어가고 있는 바로 그때 왕궁에 아사세의 아들이 탄생했다는 기쁜 소식과 부왕 사망의 나쁜 소식이 동시에 전해졌다. 아사세 왕은 기쁜 소식을 먼저 읽었다. 그 소식을 듣자마자 첫아들에 대한 말로는 표현할 수 없는 기쁨이 온몸에 넘쳐흐르는 것을 느꼈고 자식에 대한 사랑이 뼛속 깊이 스며드는 것에 어찌할 바를 몰랐다. 아사세는 자신이 아버지가 되고 난 후에야 자식에 대한 아버지의 사랑이 어떤 것인지를 비로소 깨달은 것이다.

그는 즉시 어머니 위제히 대비에게 달려가서 물었다.

"어머니, 아버지도 제가 태어났을 때 지금의 저처럼 자식에 대한 사랑의 기쁨이 흘러넘쳤습니까?"

"아들아, 그것을 말이라고 하느냐? 네가 나의 뱃속에 있을 때, 나는 너의 아버지의 오른쪽 손가락에서 피를 한 모금 빨아먹고 싶은 강한 충동을 느꼈지만, 말을 할 수가 없었다. 그 충동으로 몸이 약해지자, 아버지는 내가 약해지는 원인을 나중에 알고 나의 소원을 들어주셔서 얼마나 기뻤는지 모른다. 너의 아버지는 네가 건강하도록 많은 약을 나에게 먹였다. 예언가가 '뱃속에 있는 네가 먼 후일 아버지를 죽일 것'이라고 하며 '태어나지 않은 적'이라는 뜻의 아자타사투(아사세)라고 이름까지 지어 주었다.

나는 아비를 죽일 아들을 낳기 싫어 유산을 하려고 했지만 아버지는 나를 말렸다. 네가 태어난 후에도 나는 예언가의 말이 너무나도 맘에 걸려 여러 번 너를 죽이려고 했는데 너의 아버지가 막았다. 너의 몸에 종기가 났을 때 그 종기를 입으로 빨고 그 피고름을 삼키기까지 했단다."

그 말을 듣는 중에 아사세는 손에 든 두 번째 소식을 읽었다. 그리고 소리쳤다.

"빨리 가서 아버지를 석방하라."

그러나 그때는 이미 아버지가 숨을 거둔 후였다. 아사세는 그제야 자신이 제바달다의 유혹과 꼬임에 속은 것을 깨닫고 크게 반성하였다.

그 후 붓다께 귀의하여 열성 재가신자가 되었다. 그는 붓다가 살아 계실 때는 물론 열반 후에도 아버지 왕의 뒤를 이어 가섭·아난·라훌라 등을 최대한으로 후원하였고, 특히 칠엽굴의 불경 조성을 위한 결집*을 도와 불교 발전에 큰 역할을 하였다.

불교 발전의 첫 공로자인 빔비사라왕은 죽어서 자나바사바라고 불리는 하늘신으로 다시 태어나 도리천에서 즐거움을 누리며 살았다.

◇◇◇◇◇
* **칠엽굴의 결집** : 붓다 열반 후 죽림정사 뒤편 칠엽굴에 모여서 제1 제자 마하가섭의 주도로 제자 500인과 함께 생전 45년간의 설법 내용을 책으로 간행한 것을 말한다. 율은 우팔리가, 경은 아난이 앞서 암송하면 500인이 따라 암송, 수정하여 만들었다. 이를 제1차 결집이라 한다. 이후 300여 년간 4차 결집을 거쳐 불경이 완성된다.

4

붓다의 서른두 가지 모습

_ 사람들이 경배하는 인간의 모습에는 어떤 특징이 있을까? _

우리는 절에 가면 부처의 모습을 모사한 조각상들을 많이 본다. 석가여래 부처·약사여래·관세음보살·대세지보살·지장보살·문수보살·아라한 등등 수많은 조각상을 보는데 특별한 것을 제외하고는 모습과 이름을 구분하기가 쉽지 않다. 왜 석가모니 붓다의 모습은 한 모습으로 통일되어 있지 않아 후세 사람들을 혼란스럽게 만들었을까?

기원전 5세기경 붓다가 살던 인도에서 제1 종교는 브라만교였다. 당시 인도에서는 브라만을 신으로 모시고 제사를 지내기는 했지만 브라만 신상을 만드는 관습은 없었다.

지배 세력의 종교인 브라만교와 공존하며 생존하여야 했던 불교는 브라만의 관습을 벗어날 수 없었을 것이다. 더욱이 초기 불교 교리 자체가 예배의 대상을 두지 않는 것이 옳다고 보고 있으므로 붓다의 모습 없이 경배드리는 "무 불상" 세월이 500여 년이나 되었다.

근본 교리를 가르치는 『금강경』에서 "무릇 있는바 모든 형상은 다 허망한 것이다. 모든 형상을 형상이 아닌 것으로 보면 곧 여래를 보게 된다."* 라고 하였다. 형상인 몸은 깨달은 부처의 본모습이 아니고 형상이 없는 것이 부처의 참모습이라고 가르치고 있어 예불의 대상인 불상을 만들어 행사에 사용하는 것을 올바른 방편이 아니라고 보았다.

그러나 붓다 생존 시에도 불상을 만든 기록이 있다. 석가모니 붓다가 대척하고 있는 브라만교와 여러 외도와의 이론적 대립을 극복하고자 스라바스티성에서 쌍신변雙身變 이적**을 보이셨다. 그리고 곧 돌아가신 어머니 마야부인의 환생 설법을 하기 위해 수미산정의 도리천에 올라가서

◇◇◇◇◇

* 『금강경』 4구게 중 제1 사구게이다.
** **쌍신변의 이적** : 붓다는 제자들이 신통술 부리는 것을 금하였으나 마귀나 이교도들을 제압하기 위하여 혹은 대중을 설득하기 위하여 몸소 신통술을 보이셨다. 즉 붓다의 몸 상반신에서 불이 나타나는가 하면 하반신에서 물이 흐르고, 오른쪽 눈에서 불이 나오고 왼쪽 눈에서 물이 나오는 등 낱낱 털구멍에서 같은 모양의 불가해한 변화를 나타내고, 두 몸으로 나타나서 서로 앉거나 서기도 하고 또 걷거나 서로 문답하기도 하는 신비로운 모습을 네 번이나 보이셨다. 이러한 신통술을 쌍신변이라 한다.

석 달간 이승을 비우자, 지상에서는 석가모니를 보고 싶어 하는 대중들의 소란이 크게 일어났다.

이때 스라바스티성의 파사닉왕과 코살라국의 우다야나 왕(우전于闐)은 각각 금과 향나무로 전신상 불상을 만들어 그들의 허전한 마음을 달랬다고 하여 석가모니 붓다 생존시의 불상 제작의 흔적이 보이기도 한다.

또 이 기간에도 경배드릴 때 허공만 쳐다보고 경배드리는 것이 불편하여, 숭배하는 붓다의 여러 가지 상징물을 사용한 방편이 있었다. 진솔한 마음으로 경배드릴 때 유골을 모신 사리탑·수레바퀴 모양의 법륜·돌로 만든 붓다의 발 모형물·설법했던 곳의 앉은 자릿돌·보리수 등으로 붓다를 마음에 그리며 편법으로 대체물을 원용하여 예불을 드리기도 한 것이다.

기원전 4세기쯤, 마케도니아의 청년 왕 알렉산더가 당시 세계를 호령하고 있던 페르시아를 무찌르고 그리스를 포함한 서아시아 지역과 이집트 아라비아를 포함한 북아프리카와 중동지역의 패권을 장악한 뒤 동쪽으로 말머리를 돌려 인도 서북지역으로 쳐들어와서 세계를 하나로 통합하려는 꿈을 꾸었다. 꿈이 실현되지는 못하였지만, 그가 남긴 주둔군에 의해 인도·그리스 왕국이 세워져 이 지역에 그리스, 페르시아 문화가 전파되었다. 그리하여 이 지역 토속의 인도 문화와 결합함으로써 간다라 지역에는 동서 문화가 용융된 새로운 헬레니즘 문화가 역사에서 꽃을 피우게 되었다.

초기 불교의 교리적 금기를 깨고 붓다의 아이콘이 나타난 시기는 붓다 열반 후 약 5~6백 년이 지난, 기원 후 1세기경 인도 쿠샨왕조 때이다. 신상이나 인간상을 회화나 조각의 주제로 사용하는 그리스 문화가 동양 문화에 침윤되면서 간다라 지역(아프가니스탄 동북부)과 마투라 지역(파키스탄)에 헬레니즘 문화라는 독특한 문화가 생긴 것이다.

이곳에서 아리안족 얼굴 윤곽에 그리스식 머리 스타일과 그리스식 복장 디자인이 섞인 듯한 동양과 서양의 문화가 서로 얽힌 헬레니즘식 부처의 아이콘이 출현한 것이다. 이후 불상 문화는 인도·남동 아시아·중앙아시아·중국·한국·일본으로 시대와 지역의 문화와 습속에 따라 조금씩 달리 퍼져 나가게 되었다.

참고로 예수 그리스도의 외모는 동방 교회 지역에서는 짙은 피부색·갈색 머리카락·갈색 눈동자·흘러내리는 갈색 옷으로 그려져 다윗의 후손이고 목수 직업 셈족의 흔적이 보인다. 같은 대상임에도 불구하고 서유럽 지역의 서방 교회 지역의 예수 그림은 연한 갈색·금발·파란 눈으로 묘사되어 라틴 계열의 프랑스, 이탈리아, 스페인 인종의 모습으로 나타나 지역적 차이를 느낄 수 있다.

붓다의 아이콘 즉 붓다의 모습을 묘사한 조각이 곧 불상이다. 사람들이 연꽃과 같은 상징물이나 경전과 계율로만 가지고 경배하다가 붓다라고 생각하는 대상을 앞에 두고 예배한다는 것이 얼마나 신앙의 깊이를 높이는 지를 예전에는 몰랐다. 이에 교단 측에서도 교세를 넓히는 데 불상은 좋은 방편이 되기도 하여 불상 조성에 관심이 깊어졌다.

앞에서도 이야기한 바 있지만, 불교 교리는 형상이 있는 몸은 본체가 아니라고 본다. 그러므로 형상인 불상은 깨달은 부처의 본체가 아니다. 붓다가 열반하시면서 제자들에게 형상이 아니라 진리인 법에 의지하여 깨달음을 이루는 자아를 믿어야 한다고 유언하시어 부처상을 만들어 숭배하는 것은 배척되었다.

그런데도 현실적으로 불모*들은 붓다의 모습을 그려내어 원하는 사람에게 제공하여야 한다. 그래서 이들의 현실적 요구를 충족시키기 위하여 제자들이 모여 우주에서 가

◇◇◇◇◇
* **불모佛母** : 불상 제작하는 사람이다.

장 존귀한 분이고, 어떤 인간도 갖추지 못한 신체적 특징을 뽑아 작게는 32상, 크게는 80종호라는 붓다 상을 이미 지화함으로써 불교 대중화의 방편으로 삼은 것이다.

후대의 사람들은 뵌 적도 없고 초상화가 남아 있지도 않은 스승의 모델을 찾다가, 붓다가 제자들에게 과거세의 응보로 설하신 32대인상의 내용을 그대로 차용, 현실에 적용함으로써 붓다상이 일반화되었다고 보겠다.

붓다가 생존해 계실 때부터 32대인상은 거론이 되었지만, 경마다 조금씩 다르게 기록되어 있다. 『아함경』·『대지도론』·『방광대장엄경』·『승천왕반야바라밀경』·『대불전경』 등 여러 경전에 32상과 80종호의 특징이 세밀히 그러나 조금씩 다르게 그려져 있다.

붓다가 32대인상과 과거세의 응보에 관해 말씀하신 것을 알아보자.

부처님이 슈라바스티의 기원정사에 계실 때, 제자들이 강당에 모여 "32가지의 대인상을 가진 분은 세속에 있으면 전륜성왕이 되어 사해를 통치하고, 세속을 떠나 도를 닦으면 여래·세존이 되어 세상의 모든 장애를 벗어 버리고 이름을 사방 세계에 들리게 한다."라고 토론하는 것을 들으시고 제자들에게 32가지 대인상의 인연을 설명하신 바 있다.

32대인상은 과거세에 몸·말·마음으로 선행과 보시를 꾸준히 하고 계율에 맞는 행동을 하며 부모에 효도하고 사부와 스님들을 섬기고 어른을 공경하며 그 밖에도 여러 가지 선행을 닦은 후 이 세상에 태어나서 얻게 된 상으로 인과업보의 산물이다.

구체적으로 그 내용과 원인을 이야기하면 다음과 같다.*

① 발바닥이 평편하고 발로 땅을 밟으면 모두 땅에 닿아 굽은 곳이 없게 되는 것이다(족하평만상足下平滿相).

② 발바닥에 천 폭의 수레바퀴와 같은 그물 무늬가 있다(족천폭륜상足千輻輪相).

여래는 과거세에 많은 사람을 안락하게 하려고 그들이 공포와 위험에 빠지지 못하도록 지키며 보시하였으므로, 이 세상에 다시 태어났을 때 천 폭의 수레바퀴 살처럼 수많은 사람이 둘러싸고 지키도록 한 것이다. 여래는 과거세에 살생하지 않고 살생 도구를 쓰지 않아 생명을 존중하고 이익을 도모하였고, 아름답고 풍부한 음식을 사람들에게 나누어 주었고, 어려운 일을 하는 곳에 언제나 동참하

◇◇◇◇◇

* 『우리말 팔만대장경』 제8장 제2절(75~79쪽).

였으므로 현세에서 발뒤꿈치·손발·발등에 대인상을 얻게 된 것이다.

③ 발꿈치가 둥글고, 단정하다(족근원만상足跟圓滿相).

④ 손발가락이 길고 가늘고 매끄럽게 빛이 난다(제지섬장광택상諸指纖長光澤相).

⑤ 손발이 보드랍고 연하여 도라면이라는 솜과 같다(수족유연상手足柔軟相).

⑥ 손발 사이에 얇은 막이 있다(수족망만상手足網縵相).

⑦ 바로 서면 손이 무릎을 지나는 상(수수과슬상垂手過膝相).

⑧ 발등이 단정하고, 두텁다(족부단후상足跗端厚相).

이 상은 과거세에 많은 사람을 위하여 진리에 맞는 말로 법 보시를 많이 한 인연 때문이다.

⑨ 엉덩이와 장딴지가 둥글고, 단정하여 이니 사슴왕의 것과 같다(둔천이니록상臀腨伊尼鹿相).

이 상은 과거세에 스승을 가까이하여 배움이 많고 스스로 깨달아, 죄와 악의 때를 깨끗이 씻어버린 공덕 때문이다.

⑩ 남근이 말의 그것과 같이 몸속에 숨어 있다(신경마음장상腎莖馬陰藏相).

남녀의 성적 접촉은 대개 깨끗하지 않고 더러우며 올바

른 선법이 적으므로 음란한 마음과 음란한 행동을 크게 부끄럽게 여기도록 함으로써 깨끗한 행위를 닦는 인연을 쌓도록 하는 것이다.

⑪ 몸빛은 황금색같이 빛이 난다(신진금색상身眞金色相).

이 상과 '피부세활상'은 과거세에 모든 중생에게 성내고 미워하고 불만족한 마음이 일어나도 표정을 보이지 않았고 도리어 부드럽고 아름다운 의복을 베풀어 준 응보 때문이다.

⑫ 피부가 얇고 보드라우며 기름기가 흘러, 때와 티끌이 잘 묻지 않는다(피부세활상皮膚細滑相).

⑬ 모공 한 구멍에 하나씩 털이 난다(일공일모상一孔一毛相).

이 상과 ⑭의 머리카락이 오른쪽 위로 쏠려 올라간 것과 ㉛의 두 눈썹 사이에 흰 털이 난 것은 과거세에 거짓말을 싫어하고 참되고 거짓 없는 행업을 쌓았기 때문이다.

⑭ 머리카락이 오른쪽으로 쏠려 올라간다(모상미우선상毛上靡右旋相).

⑮ 몸 사지가 범천처럼 곧게 뻗은 모습이다(신직범천상身直梵天相).

⑯ 몸의 두 손, 두 발, 두 어깨, 목 일곱 부위가 다 원만하고 고르다(칠처원만상七處圓滿相).

이 상은 과거세에 풍부하고 아름다우며 맛난 음식을 골고루 사람들에게 나누어 준 공덕으로 신체의 일곱 곳이 원만하고 고른 대인상을 받게 된 것이다.

⑰ 사자 같은 몸의 위엄을 갖추었다(신사자위상身獅子威相).

과거세에 많은 사람에게 이익을 주고 안락한 생활을 할 수 있도록 금은보화나 노비 전답을 베풀어 주는 선행을 쌓았기에 이러한 인과응보를 얻게 되었다.

⑱ 두 어깨 사이가 충실하여 빈 데가 없다(양견충실상兩肩充實相).

⑲ 몸 둘레가 쭉 곧아 있다(신주위직상身周圍直相).

⑳ 두 어깨가 둥글고 쭉 뻗었다(양견평원상兩肩平圓相).

㉑ 턱이 사자 턱 윤곽과 같다(사자악륜상獅子鄂輪相).

과거세에 쓸데없는 말, 이치에 맞지 않는 말을 버리고, 때에 맞는 말, 사실에 맞는 말, 의리에 닿는 말, 법에 맞는 말을 함으로써 사자의 턱과 같은 대인상을 얻게 된 것이다.

㉒ 입에 40개의 치아를 가졌다(구사십치상口四十齒相).

과거세에 이간질하는 말을 싫어하고, 사람들을 화합시키고 기쁘게 하고 친밀하게 하는 행업을 많이 닦았으므로 보통 사람들보다 많은 치아를 갖게 되었다. ㉓·㉔·㉕ 항목도 마찬가지다.

㉓ 이가 고르고 가지런하다(치균제평상齒均齊平相).

㉔ 이가 조밀하여 틈이 없다(치밀무격상齒密無隔相).

㉕ 이가 희고 깨끗하다(치아결백상齒牙潔白相).

㉖ 입에는 최상의 미각을 얻게 되었다(득상미각상得上味覺相). 과거세에 손이나 돌이나 칼 따위로 세상의 모든 생물을 해치지 않았으므로, 입에 최상의 미각을 얻게 되었고, 건강한 혀와 이로 좋은 음식을 잘 소화해 건강해진 것이다.

㉗ 혀가 크고 길어 밖으로 내밀면 코와 귀를 덮는다(설대광장상舌大廣長相).

㉘ 음성이 청아하고 웅장하며, 범천의 음성과 같다(성범음성상聲梵音聲相).

과거세에 듣고 기뻐할 말, 사랑스럽고 우아한 말, 사람의 마음에 남을 만한 말을 한 인연으로 가릉빈가 새*의 음성을 가진 범음성을 성취하게 된 것이다.

㉙ 눈빛은 감청색이다(안감청색상眼紺靑色相).

과거세에 세상일을 곁눈질로 보지 않고 바로 또 넓게 보며, 사랑하는 눈으로 보는 업을 쌓았으므로 눈의 색은 감

◇◇◇◇◇

* **가릉빈가** : 히말라야 기슭에 사는 새로서, 머리는 사람이고 새의 몸을 하고 있다. 기묘하게 청아한 소리를 하여 묘음조妙音鳥라고도 한다.

청색이고, 암소의 눈과 같이 되었다.

㉚ 암소의 눈썹과 속눈썹을 가졌다(우왕미첩상牛王眉睫相).

㉛ 두 눈썹 사이에 흰 털이 있으되 부드럽기가 도라면과 같다(미간백호상眉間白毫相).

㉜ 머리 위에 상투 모양의 혹이 솟아 있다(정상육계상頂上肉髻相).

과거세에 다른 수많은 사람보다 앞서 선한 업을 실천하고 보시하며, 스승을 공경하고 계율을 잘 지켰으며, 부모에게 효도하고 형제자매에게 우애가 깊어 머리 위에 살 상투가 솟은 대인상을 과보로 얻게 된 것이다.

우리는 산천 곳곳에서 불상을 만나지만 정작 부처의 정확한 모습을 잘 모른다. 다만 붓다는 대자대비한 분이고, 왕자였다가 깨달음을 얻은 분 등으로 알지만 설명하기가 쉽지 않다. 32상과 80종호는 우리에게 붓다가 어떠한 특징의 모습을 가지신 분인지 알려주는 좋은 정보라고 할 수 있다.

붓다의 겉모습 속에는 과거세에 무엇이라도 한 가지 선한 업을 짓는다면 지금 세상에서 아름다운 보답을 받을 수 있다는 교훈적 메시지를 발견할 수 있어 사람들에게 좋은 가르침을 남긴다.

또한 세상 사람들은 겉모습에 집착하는 경향이 많다. 그래서 아무리 붓다가 깨달은 분이라고 하여도 하찮은 모양새라면 과연 경배심이 일어났을까 하는 의구심을 부인하기 힘들다.

보통 사람들과는 다른 황금빛 몸매와 후광, 위엄 있어 보이는 큰 키, 지혜가 솟은 듯한 머리 위의 육계, 무엇이든 다 줄 것 같은 아름다운 긴 손 등등을 가진 32상을 갖추신 분이 가릉빈가 새소리 같은 천상의 음색으로 알아듣기 쉬운 비유의 설법을 하실 때 불교는 널리 퍼져 나갔을 것이고 세상 사람들은 행복해하지 않았을까 생각한다. 80종호는 32상을 더욱 세밀하게 부연한 상으로 너무 길어 생략한다.

마무리하며

불교를 전공한 사람도, 글을 쓰는 선천적 소질이 있는 사람도 아니면서 세상에 나의 불교에 관한 얕은 앎을 늘어놓는 것이 공자님 앞에서 문자 쓰는 것 같아 부끄럽다.

어릴 때 어머니와 아버지께서는 우리 형제자매에게 '옛날 옛적에'로 시작되는 여러 가지 이야기들을 들려주고는 하셨다. 우리가 귀를 쫑긋 세우고 까만 눈을 굴리며 옛이야기를 조르면 여러 이야기를 지어내서 해 주시던 기억이 새롭다. 그 이야기들은 허기진 우리의 주먹밥이었고 그 즐거움 속에서 우리는 꿈과 희망을 키우며 자랐다.

마찬가지로 MZ세대에게 우리 정신문화의 DNA가 깊이 녹아 있는 불교 이야기들을 많이 들려주는 것이 불교 전법의 좋은 방법이라고 생각했다. 그것도 어려운 불교의 계·정·혜戒定慧의 철리哲理보다는 젊은 그들이 궁금해 할 만한 이야기를 들려주어 불교에 쉽게 다가가도록 해야 한다고 생각하여 붓을 들었다.

이따금 책을 읽다 보면 좋은 생각이 연상될 때가 많지만 생각은 향기처럼 금방 날아가 버린다. 나는 이 향기를 붙잡으려 끊임없이 메모하여 숙성시키는 버릇이 있었다. 이 오래 숙성된 메모를 연상의 재료로 꾸며 본 것이 이 책이다.

처음 불교에 관한 100개의 이야깃거리를 정하여 글을 쓰기 시작하였더니 원고의 분량이 너무 많아 거의 1,000페이지가 넘었다. 짧은 DM과 쇼츠(짧은 호흡의 영상), 소확행에 익숙한 젊은 세대에게는 버거울 것이라는 의견이 많았고, 분량도 적고 크기도 작은 소형 책자로 발간하라는 재촉도 있었다. 결국 너무 어렵고 현실감이 떨어지는 이야깃거리도 있어 70여 개의 이야기는 다음번에 꾸미기로 미루었다.

원래 서양 종교에서는 적대 세력 간에 타협이 되지 않으면 전쟁으로 승부를 건다. 사랑과 박애를 주장하면서 살육으로 해결하는 자기중심적·이율배반적 종교라고 할 수 있다. 이와 달리 동방 종교인 불교는 어떠한 상황에서도 전쟁을 거부하고 오히려 강자의 박해를 수용하는 포용의 자세로 생의 외경을 내세우는 자비로운 종교다. 세계사에 불교 종교 전쟁은 거의 없다. 그러기에 그만큼 불교는 확장이 느리다.

길거리에서 목탁 치며 시주하라는 승려는 있어도, 타종교에서처럼 "극락 가려면 불교 믿어라."라고 미친 듯이 외치며 전법하는 신도는 왜 보이지 않을까? 전법하는 방법도 배울 것은 배워야 살 길이 넓어진다.

우리 불교가 모든 사람에게 성불하라고 가르치는 것도 중요하다. 그러나 K팝으로 세계를 점령한 젊고 희망찬 MZ 세대들에게 불교문화를 적극적으로 전법하는 것도 필요하다. 불교문화에 관심을 쏟게 하여, 불교 저변을 넓혀 나감은 물론 새로운 K불교의 가치를 그들이 창조하도록 인도하여야 한다.

사찰에서 보이는 중국풍의 불전사물(범종·법고·목어·운판)과 팔상도八相圖를 승화시켜 간다라나 운강雲崗류의 것과 다른 K풍 불교 미술품으로 탄생시키고, 제2의 신비한 K미륵반가사유상을 창조하고, 대웅전을 사그라다 파밀리아 성당보다 더 화려하고 장엄하게 축조하여 K불교 건축의 미적 위용을 창조하게 하고, 5대 총림을 자연 정원화하여 몰려드는 세계인들이 생의 외경을 경험하게 하고 무너져 가는 지구 환경 보존에 앞장서는 모델이 되게끔 하며, 대장경과 진언의 한글 표준화를 이루어 불교로의 접근을 쉽게 하도록 독려하여야 한다.

말라버린 인도불교, 쇠잔한 중국불교와 달리, 아직도 천강千江의 물살이 거세게 흐르는 한국불교이고 우리 젊은이의 혈맥에는 불교적 DNA가 알알이 박혀 있다. 이제 2,000여 년을 답습해 온 중국불교에서 벗어나 "새로운 K불교문화"를 구축하여, K불교문화를 배우고 익히려 세계인이 구름처럼 몰려들게 하여야 한다. 그리하여 천년 후의 우리 후손들이 불교 철학과 문화, 사상에 의지하여 사는 국민이 되도록 하는 구상과 실행을 이끌어 낼 기회다.

KBC(Korean Buddismic Culture, 불교문화)를 이끌 MZ세대 속에서 K미켈란젤로와 K다빈치, K가우디를 발굴하는 10년 구상의 심포지엄을 열고, 100년을 두고 건축, 조영하는 장구한 불교적 구상을 그들이 펼치도록 MZ세대에게 전법의 끈을 조여 나가지 않으면 안 된다. 이 책은 그런 꿈을 꾸면서 편술되었다.

역사적 실체 중심의 이야기를 쓰다 보니 이야기가 기전체처럼 딱딱해진 것은 나의 문학적 글쓰기 소양의 미숙함 때문이니 독자들의 꾸지람을 기다릴 뿐이다. 또한 모든 참고 출전의 내용은 저자가 축약한 것이므로 잘못된 축약은 본인에게 있음을 밝혀 둔다. 책을 쓰면서 뒤에 열거한 참고문헌 외에 인터넷 자료들을 참고하였으나 일일이 밝히지 못했음을 알아주시기를 바란다.

【 참고 문헌 】

『우리말 팔만대장경』, 대한불교청년회 성전편찬위원회편, 법통사, 1963.

『삼국유사』, 일연, 김원중 옮김, 을유문화사.

『한국문화사서설』, 조지훈, 탐구신서, 1970.

『선입문』, 이청담, 도서출판 아카데미, 1972.

『선의 황금시대』, 죤 우(오경웅), 수교본, 1978.

『동사열전 1,2권』, 불교문화연구소 동국대출판부, 1976.

『한국고대 불교사상사』, 고익진, 동국대출판부, 1989.

『한국불교의 법맥』, 퇴옹 성철, 장경각, 1990.

『한국불교사』, 카마다시게오(鎌田茂雄), 신현숙 역, 민족사, 1992.

『불교교단사』, 서경보원, 불교대학교재편찬위, 1995.

『한국불교사』, 김영태, 경서원, 2008.

『조선불교통사』, 이능화, 동대불교문화연구원, 2010.

『초기 불전의 기원, 불교는 어떻게 시작되었는가』, 리처드 곰브리치, 김현구 역, 씨아이알, 2017.

『인물 한국선종사』, 김호귀, 한국학술정보㈜, 2010.

『대당서역구법고승전』, 의정 스님, 김현규 역, 글로벌콘텐츠.

『한국고대의 천축 구법승』, 계미향, 운현출판사, 2022.

『불교사 100장면』, 자현 스님, 불광출판사, 2018.

『불교의 중국 정복』, 채릭 주르허, 최영식 역, 씨아이알, 2010.

『선가귀감』, 서산대사, 김현중 옮김, 호림출판사, 2020.

『조용헌의 사찰기행』, 조용헌, 아가서, 2005.

『선문염송요론』, 백봉 김기추, 비움과 소통, 2015.

『무문관참구』, 장휘옥, 김사업, 민족사, 2012.

『유마경』, 유마, 김태환 역, 침묵의 향기, 2014.

『유마경』, 유마, 김현준 역, 호림출판사, 2021.

『인물로 보는 중국 선사상사』, 정운 지음, 도서출판 운주사, 2021.

『49재와 136지옥』, 허암, 도서출판 운주사, 2022.

『불교적 심신의학과 생명윤리』, 김성철, 도서출판 오타쿠, 2022.

『만다라에서 법성포까지 - 불상의 기원을 찾아서』, 최종걸, 다우출판, 2022.

《불교신문》, 《법보신문》.

허상녕 許相寧

연세대학교 정치외교학과 졸업
중소기업중앙회 상근 부회장, 세림이동통신 대표이사

사회경력 금융발전 심의위원, 세제발전 심의위원, 외자도입 심의위원, 최저임금 심의위원, 제7차경제사회발전 5개년계획조정위원, 중앙노동위원, 한국상사중재인, 기술신용보증기금 설립위원회 위원, 생산기술연구원 이사, 대덕연구단지 조기조성위원회 위원, 한국장학회 설립이사, 민주정의당 창당발기주비위원, 민족문화 추진위(고전국역사업후원회 상임감사), 한일중소기업협력위원회 한국측 위원, 한미친선회 부회장

저서 『선거전장』, 1974 공화출판사.
　　　『한국 정신문화의 3가지 DNA』, 2012 어드북스.

붓다로드①

인생 백년 절집 반나절 쉼만 못하다
MZ세대와 함께 기억하고 싶은 불교 이야기

초판 1쇄 인쇄 | 2024년 3월 15일　초판 1쇄 발행 | 2024년 3월 30일
지은이 | 허상녕

펴낸이 | 윤재승　펴낸곳 | 민족사

주간 | 사기순　기획홍보팀 | 윤효진　영업관리팀 | 김세정

출판등록 | 1980년 5월 9일 제1-149호
주소 | 서울 종로구 삼봉로 81 두산위브파빌리온 1131호
전화 | 02)732-2403, 2404　팩스 | 02)739-7565
홈페이지 | www.minjoksa.org
페이스북 | www.facebook.com/minjoksa
이메일 | minjoksabook@naver.com

ⓒ 허상녕, 2024
ISBN 979-11-6869-050-9　03220